Handbuch
Pferde

Autorin
Saskia Brixner

Bildnachweis

Berg 22; **Boisselle** 50, 64, 66, 67, 148, 178, 254; **Ein Herz für Tiere:** Escher 206; Malz 49; Moritz 68; Müller 10; Neukampf 157; Siegel 23; Strodl 13; **Fotolia:** anduin230 123, 211; Anita Zander 193; CALLALLOO CANDCY 158; delkoo 93; Diana Wolfraum 132; hosphotos 126; jeff gynane 163; Klaus Eppele 55; Lance Bellers 103; Martin 153; Nicolette Wollentin 171; Petr Mašek 189; Petra Eckerl 79; rapha064 99; Sandra Thiele 113; ScullyPictures 167; Stephan Sühling 209; susi_91 121; Sven Cramer 259; **IBIS:** Danegger 268, 269, 270; Dossenbach 36, 65, 73, 80, 82, 85, 91, 92, 114, 116, 120, 125, 129, 130, 139, 143, 146, 147, 161, 166, 170, 173, 177, 187, 190, 194, 204, 207, 208, 228; Kuczka 14, 106, 107, 128, 196, 213; Pforr 179, 181; Tönges 197; Weimann 86; Wisniewsky 233; **Juniors Bildarchiv:** Biosphoto/Michael Gunther 127; Chr. Slawik 87, 95, 185; L. Lenz 75, 100; R. Maier 96, 108, 111, 112, 119, 137, 195; **Küpper** 101, 117; **Lenz** 7, 21, 29, 51, 57, 60, 63, 70, 74, 76, 83, 88, 89, 104, 131, 151, 156, 160, 172, 173, 174, 175, 200, 203, 205, 210, 217, 225, 235, 237, 243, 253, 255, 258; **Littwins** 159; **MAN/Lade** 285; **Müller/Lade** 222, 247; **Okapia KG:** Bender 227; Dowling/OSF 142; Ege/Lade 56, 240; Farkaschovsky 190; Geduldig 30, 257; Gradias/Lade 256; Grzimek 20, 245, 283; Hilgert 274; Hoffmann KG 243; Kalden/Lade 133; Kiepke 48; Kirchner/Lade 262; Kuhn/Lade 226; Lade 104, 236, 260, 277, 284; Lenz 34, 37, 77, 136, 144, 155, 182, 218, 223, 224, 264, 271, 278; Maier 97, 150; Meyers 109; Pott 28, 229; Reinhard 12, 138, 201, 230; Ruoso 81, 248; Schacke 6, 244; Scott 261; Stuewer 281; Uselmann 247; Vock 24 o., 24 u.; Weiland 84, 241, 275, 279, 282; Weimann 219; **PIXELIO:** © Alfred Krawietz 176; © bbroiangio 122; © Kurt Michel 192; © Maren Beßler 56, 138; © Regina Mohr 145; © siepmannH 71; © Thomas Max Müller 63; © Verena N. 90; © Waldili 94; © Waldtraud Seitz 265; © Peter Kamp 228; **Rafail** 11; **Reupert/Lade** 61; **Sambraus/Gesellschaft zur Erhaltung alter und gefährdeter Haustierrassen e. V.** 184, 186, 215; **Schneider** 135; **Schumacher** 199; **Silvestris:** 35, 55, 70, 118, 124, 152, 164, 180, 235, 255; Jacob 69, Lindenburger 54; **Sin-Pfältzer/Lade** 27; **Sorrel** 15, 141, 149, 183; **Steckenreuter/Lade** 234; **Stuewer** 115, 140, 168, 169.

Inhalt

Einleitung	4
Das Wesen Pferd	6
Farben und Formen	12
Die Gangarten	26
Das eigene Pferd	30
Pferderassen von A bis Z	42
Ratgeber Gesundheit	196
Register	254

Einleitung

Der Zauber, der seit Jahrtausenden den Pferden anhaftet, ist bis heute nicht verloren gegangen. Auf dem Rücken eines Pferdes kann man den Alltagssorgen entfliehen und seinen Träumen freien Lauf lassen. Vor allem draußen in der Natur fühlt man sich dem Himmel ein Stückchen näher. Die Wissenschaftler nennen die Stoffe, die für dieses Glücksgefühl verantwortlich sind, ganz nüchtern Endorphine.

Die gleichmäßigen Bewegungen des Pferdes stimulieren die Rückenmuskulatur des Reiters und setzen diese in eine Bewegung, die seine eigenen ergänzt. Ganz ohne Steuerung des Zentralnervensystems ist dies für den Reiter ausgesprochen entspannend. Eine Wirkung, die sich zunehmend auch Therapeuten bei der Behandlung behinderter Menschen zu Nutze machen.

Egal, wie man die Faszination eines Pferdes wissenschaftlich deuten mag, die Beschäftigung mit dem Lebewesen „Pferd" kann einem bis ins hohe Alter Fitness und unermessliche Freude schenken.

Einleitung

Das Wesen Pferd
Die Sinne des Pferdes

Wie auch bei uns Menschen oft schon ein kurzer Blick genügt, um unserem Gegenüber zu verraten, was wir denken und fühlen, können auch die Augen eines Pferdes seine Temperaments- und Verhaltenseigenschaften widerspiegeln. So haben bösartige und ängstliche Tiere einen unruhigen Blick. Während große

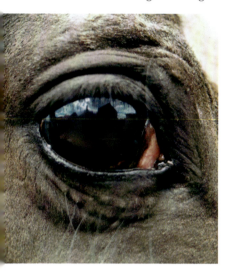

Augen meist zu temperamentvollen Tieren gehören, weisen kleine, von den Lidern halb verdeckte Augen auf ein eher phlegmatisches Pferd hin.

Obwohl das Pferdeauge doppelt so groß ist wie das menschliche Auge, kann das Pferd damit nicht besser sehen. Da es aber die Augen seitwärts am Kopf stehen hat, besitzt es ein Gesichtsfeld von etwa 300 Grad. Mit einer kleinen Kopfbewegung nach links oder rechts hat es praktisch eine Rundumsicht – eine Vorsichtsmaßnahme der Natur, damit sich auch während des Grasens in offenem Gelände kein Feind unbemerkt anschleichen kann. Nähert man sich einem Pferd allerdings direkt von vorne, tritt man automatisch in einen „toten Winkel". Durch die lang gezogene Nase und die außen

INFO

Der Geruchssinn
Auch der Geruchssinn ist bei Pferden ausgesprochen gut ausgebildet. Sie erkennen sich nicht nur gegenseitig am Geruch, auch der Duft eines Menschen kommt ihnen fremd oder vertraut vor. So kann man bisweilen noch so sehr versuchen, einen selbstsicheren Eindruck zu machen, mit ihrer sensiblen Nase können sie unsere Angst ganz einfach riechen.

Das Wesen Pferd

sitzenden Augen kann es nämlich direkt vor seinem Kopf nichts sehen. Pferde können übrigens auch Farben sehen. Vor allem Grüntöne ziehen sie magisch an.

Weitere lebenswichtige Informationen liefert den Pferden ihr empfindsames Gehör. Die trichterförmigen Ohren, die einzeln um 180 Grad bewegt werden können, nehmen wesentlich mehr Schallwellen auf als die des Menschen. Damit können sie auch die Richtung und sogar die Entfernung eines sich nähernden „Feindes" orten.

Das Sozialverhalten

Eine wild lebende Herde ist nicht etwa ein ungeordneter Haufen, sondern ein Sozialverband mit festen Regeln und Rangordnungen. Ohne dass es zu ernsthaften Verletzungen kommt, werden Streitigkeiten meist in erbitterten, aber oft harmlosen Scheinkämpfen und durch Drohgebärden bereinigt.

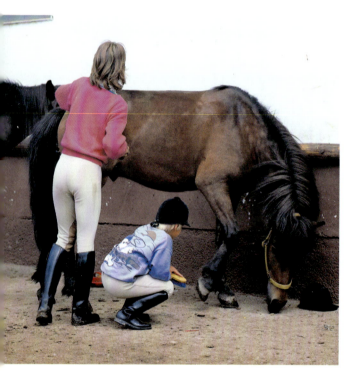

Auch wenn ein Pferd nicht in einer Herde lebt, behält es dieses Rangordnungsverhalten bei. Der Mensch wird vom Pferd als Artgenosse und damit als Mitglied seiner Herde betrachtet. Abhängig von seinem Verhalten wird der Zweibeiner als ranghöher akzeptiert oder nicht. Ein vorsichtiger oder sogar ängstlicher Mensch oder Reiter wird von einem Pferd daher sofort als rangniedrigerer Artgenosse eingestuft.

Machtkämpfe zwischen Pferd und Reiter sind vorprogrammiert. Die Körpersprache ist hier ein unfehlbares Stimmungsbarometer, das anzeigt, welche Laune der Stallgenosse gerade hat. Man sollte daher genau auf die Stellung seiner Ohren, Lippen und Nüstern, auf die Wölbung seines Halses und das Tragen seines Schweifes achten.

Das Wesen Pferd

Die Körpersprache

Typisch Pferd ist beispielsweise das „Flehmen": Mit hochgestülpter Oberlippe werden auffallende oder ungewohnt riechende Düfte aufgenommen. So verrät der Hengst beispielsweise sein Interesse an einem aufgeschnappten Stutengeruch.

Seitwärts abgewinkelte Ohren, ein bewegungslos herabhängender Schweif und ein gerader, fast waagerecht getragener Hals hingegen drücken gelassene Zufriedenheit aus. Sind die Augen dazu noch halb geschlossen, und die Unterlippe sinkt herab und wabert, dann döst der Vierbeiner einfach nur genüsslich vor sich hin.

Schnellt der Hals jedoch fast senkrecht nach oben, blähen sich die Nüstern, ist die Gesichtsmuskulatur angespannt und der Kopf steht waagerecht, ist das Pferd äußerst aufgeregt. Der Schweif schlägt hektisch hin und her, die Ohren sind aufmerksam nach vorne gerichtet, und der ganze Körper vibriert.

Geht die Erregung in Wut über, legt das Pferd die Ohren nach hinten. Je weiter sie angelegt werden, desto heftiger ist die Drohgebärde. Die Schweifrübe hebt sich, Hals und Kopf schlenkern hin und her, und die Oberlippe wird zurückgezogen, sodass die Schneidezähne sichtbar werden. In einem solchen Fall ist Vorsicht

Das Wesen Pferd

geboten. Das Pferd zeigt deutlich: Komm keinen Schritt näher, sonst beiße ich. Aber nicht nur Mimik und Gestik, auch die Laute eines Pferdes verraten so Einiges. Sie reichen von freudigem oder schmerzlichem Wiehern bis zum lockenden oder warnenden Quietschen. Will man also Freundschaft mit einem Pferd schließen, sollte man erst einmal seine Sprache lernen.

Farben und Formen

Vor nicht einmal 200 Jahren verpönt, erfreuen sich heute die Gescheckten nicht nur bei Westernreitern in Form von Pinto, Criollo, Appaloosa & Co. großer Beliebtheit. Während Hochzeitskutschen natürlich nur von Schimmeln gezogen werden dürfen, weil sie als Vorboten einer glücklichen gemeinsamen Zukunft gelten, kamen noch um die Wende zum 20. Jahrhundert Unglück verkündende Rappen nur bei Trauerzügen zum Einsatz, schon weil „die Trauerfarbe auch bei Pferden kaum erfreulich für das menschliche Auge sein kann".

Egal ob Schimmel oder Rappe, für alle Farben ist das gleiche Pigment verantwortlich. Fünf verschiedene Erbinformationen sorgen dafür, ob nichts (Albino), wenig (Falbe), mehr (Fuchs) oder viel (Rappe) von diesem Farbstoff in Haare und Haut eingelagert wird. Die Farbskala der Pferde mit einfarbigem Haar umfasst Rappen, Braune, Falben, Füchse, Isabellen und weiße Pferde.

INFO

Bauernweisheiten und Aberglaube

Glaubt man alten Überlieferungen, dann weisen braune Pferde sanguinisches, Füchse cholerisches, Rappen melancholisches und Schimmel phlegmatisches Temperament auf. Oder wie es eine alte englische Redewendung ausdrückte: „Gebleichte Farbe, ausgewaschene Konstitution". Noch schlimmer trafen menschliche Vorurteile in Form von Sprichwörtern und Bauernweisheiten gescheckte Pferde. „Fürchte den Schecken, er ist ein Bruder der Kuh", heißt es da, oder „Narren und Gecken reiten auf Schecken".

Farben und Formen

In der Natur gibt es den „weißen Schimmel" nämlich doch, und zwar in Form von Albinos mit roten Augen. Sie werden mit einer gelblichen Färbung geboren und nach dem ersten Haarwechsel schneeweiß.

Die Grundfarben

Schimmel werden als Fuchs, Braune oder Rappen geboren und entfärben sich erst von Haarwechsel zu Haarwechsel. Weil die Grundfarbe rund um die starken Blutgefäße vielfach länger erhalten bleibt, bilden sich kreisförmige Ablagerungen von Pigmenten in einzelnen Haaren, während der Grundton des Fells bereits weiß ist. In diesem Übergangsstadium spricht man dann von **Apfelschimmeln**. Bei echten Schimmeln bleiben Haut, Augen und Hufe zeitlebens dunkel.

Die **Isabellen** haben gelbes Deckhaar mit verschiedenen Farbnuancen von weißgelb bis dunkelgelb, die Schutzhaare (sie sind länger als die Deckhaare und schützen die empfindlichen Teile an Kopf, an Schweif und Beinen) sind meist heller. Die Haut ist zumeist fleischfarben, die Hufe sind hell bis dunkel.

Füchse haben rotes Haar, das zwischen gelbrot und schwarzbraun variiert. Charakteristisch ist, dass die Schutzhaare bei Füchsen keine schwarze Färbung aufweisen. Haut und Hufe sind immer dunkel.

Falben haben eine gelbe bis graue Grundfarbe (von isabellfalb bis mausfalb) und schwarzes Schutzhaar. Haut und Hufe sind stets dunkel. Sehr häufig haben Falben einen von der Mähne bis zum Schweif verlaufenden Aalstrich.

Braune tragen rotbraunes Deckhaar, das von gelbbraun bis dunkelbraun reicht. Charakteristisch für sie ist schwarzes Schutzhaar an Schweif und Mähne und vielfach auch eine schwarze Färbung der Beinhaare unterhalb der Vorderfußwurzel bzw. des Sprunggelenks. Haut und Hufe sind dunkel.

Farben und Formen

Bei den **Rappen** erfolgt eine Einteilung in die tiefschwarzen, metallglänzenden **Glanzrappen**, die **Kohlrappen** mit glanzlosem Haar, die **Sommerrappen**, die nur im Sommer reine Rappen sind, im Winter aber rötlichbraune Spitzen haben, und die **Winterrappen**, die nur im Winter tiefschwarz sind, im Sommer aber schiefergrau werden.

Die gemischten Farben

Zu der Pferdegruppe mit gemischten Haaren gehören „echte" Schimmel, Stichelhaarige und Schecken.

Die Stichelhaarigkeit, eine Art Übergang von der Einfarbigkeit zur Scheckenfärbung, kommt bei allen Grundfarben vor.

Dabei findet sich an den Körperflanken pigmentfreies, weißes Haar.

Man spricht dann zum Beispiel von einem Fuchs mit Stichelhaar. Das Scheckenhaar ist ein Gemisch pigmentierter und unpigmentierter Haare, die nicht wie beim Stichelhaar gleichmäßig über den Körper verteilt sind, sondern sich zu Flecken vereinen.

Dabei können jeweils die pigmentierten oder auch die unpigmentierten Flecken überwiegen.

Die Pferde werden ebenfalls gemäß der Grundfarbe als Fuchs-, Falb-, Braun- oder Rapp-Schecken bezeichnet.

Farben und Formen

Die Abzeichen

Weiße Haarstellen, die sich am Kopf, an den Beinen und verschiedenen anderen Körperstellen (v. a. am Bauch) befinden, sind die sogenannten Abzeichen. Sie sind angeboren und bleiben zeitlebens erhalten. Da sich Pferde, sogar „ergraute" Schimmel, mit Hilfe dieser markanten Zeichen identifizieren lassen, werden sie im Pferdepass eingetragen.

Sie können reinweiß, stichelhaarig, schattiert oder gefleckt sein. Man unterscheidet nach der Lage, Größe und Form der Abzeichen zwischen Stirnhaaren (einzelne weiße Haare auf der Stirn), Flocke (kleines, weißes Abzeichen auf der Stirn), Stern (größer als Flocke; weißer Fleck auf der Stirn von verschiedener Größe und Form), Strich (auf dem Nasenrücken verlaufendes, schmales, strichförmig weißes oder schattiertes Abzeichen), Blesse (auf der Stirn beginnendes bis zu Nasenrücken, Nüstern oder Oberlippe reichendes Abzeichen unterschiedlicher Breite), Schnippe (Abzeichen zwischen den Nüstern oder auf der Oberlippe von verschiedener Form und Größe), Oberlippe bzw. Unterlippe (das

INFO

Die Vererbung der Farben
Da jedes Pferd von beiden Elternteilen Farbmerkmale erbt und nicht jede Anlage die gleiche „Durchschlagskraft" besitzt, kann es bei Paarungen leicht zu Überraschungen kommen. Paart man beispielsweise zwei Falben, so können die Fohlen neben Falben auch Isabellen, Füchse oder sogar Rappen werden.

Farben und Formen

Abzeichen geht vom Oberlippen- bzw. Unterlippenrand aus), Krötenmaul (rosafarbene bzw. gefleckte Färbung am Maul) und Milchmaul (Weißfärbung am Maul bis Nüstern und Kinngrube). Die Beinabzeichen werden nach ihrer Lage, Größe, Farbe und Form bezeichnet, z. B. Ballenfleck, Kronenfleck oder Socke.

Der Kopf

Der Gesamteindruck eines Pferdes wird nicht zuletzt durch den Kopf geprägt. Die verschiedenen Pferderassen, die sich im Laufe der Zeit entwickelt haben, unterscheiden sich teilweise sehr deutlich durch Form und Merkmale ihres Kopfes. Während Arbeitspferde massige und stark bemuskelte Köpfe haben, zeichnen sich die Köpfe von Sportpferden durch eine schwächere Bemuskelung und dünnere Haut aus. Man spricht im Fachjargon dann von „trockenen" Köpfen.

Auch Stuten und Hengste unterscheiden sich durch die Form ihres Kopfes. Der typische Hengstkopf ist kräftiger und gedrungener als der Stutenkopf, der leichter und feiner geschnitten ist und sanftmütiger wirkt.

Der Fachmann unterscheidet folgende Kopfformen: Bei einem „Geraden Kopf" ist die Profillinie vom Scheitel bis zur Nase gerade, während beim „Schafskopf" Scheitel- und Stirnbeine bei gerade verlaufendem Nasenbein vorgewölbt sind.

Beim „Ramskopf" ist außer Scheitel- und Stirnbeinen auch das Nasenbein vorgewölbt, Augen und Nüstern sind seitlich verschoben.

Daneben gibt es noch den „Halben Ramskopf", wo bei geraden Scheitel- und Stirnbeinen das Nasenbein vorgewölbt ist, den „Schweinskopf", einen langen, groben Kopf

Farben und Formen

mit eingebogener Nase, den „Keilkopf", ein nach unten spitz zulaufender Kopf mit breiter Stirn und breiten Ganaschen, den „Eselskopf", der lang und schmal ist und hochgezogene Augenbögen sowie eingesunkene Augengruben aufweist, und den „Hechtkopf", bei dem die Profillinie unterhalb der geraden und breiten Stirn konkav gebogen ist.

Da die Kopfform ein Schönheitskriterium bedeutet, ist sie der jeweiligen „Mode" unterworfen. So war der Ramskopf beispielsweise vor allem bei den Paraderassen der Barockzeit beliebt, der edel geformte Hechtkopf hingegen ist typisch für die Araber, der Keilkopf für die Quarter Horses.

21

Augen und Ohren

Auch die Farbe der Augen kann mitunter den ästhetischen Sinn des Menschen stören, wie zum Beispiel Glasaugen mit weißer und hellgrauer Iris, Birkaugen mit hellbrauner Iris und Albinoaugen mit durchscheinend roter Iris.

Die Augen eines Pferdes lassen aber auch auf Temperament und Charaktereigenschaften schließen. Außerdem gibt es bei Pferden gar nicht so selten Probleme mit Kurz- oder Weitsichtigkeit, was vor allem bei Spring- und Militarypferden die Leistungsfähigkeit beeinträchtigen kann.

Neben Kopfform und Augen spielen auch die Ohren bei der Beurteilung eines Pferdes eine Rolle. Hier sind vor allem Länge und Stellung sowie das Ohrenspiel von Bedeutung. Während träge Ohrbewegungen auch auf langsame oder sogar gestörte Sinne hinweisen („Dummkoller"), sprechen muntere, aufmerksam auf eine Geräuschquelle gerichtete Ohren für ein lebhaftes und leistungsfähiges Pferd.

Bösartige und ängstliche Tiere hingegen legen die Ohren häufig nach hinten und bewegen sie nervös hin und her. Die bei Englischen Vollblütern häufig vorkommenden breiten, dicken und tief angesetzten Ohren, die vielfach waagerecht stehen oder nach unten hängen, bezeichnet man als „Bammelohren", während lange und breit angesetzte Ohren als „Eselsohren" tituliert werden.

Farben und Formen

Exterieurmängel

Anders als sein Name es vermuten lässt, wird der „Schwanenhals" bei Pferden nicht geschätzt. Ein Pferd mit diesem sich nach oben verschmälernden und in einer starken Bogenkrümmung endenden Hals kann sich nämlich im Galopp weniger gut strecken. Schwierigkeiten bei der Zügelarbeit bereitet der „Hirschhals" oder „verkehrte Hals", der am Brustansatz tief und breit ist, steil aufwärts steigt, am

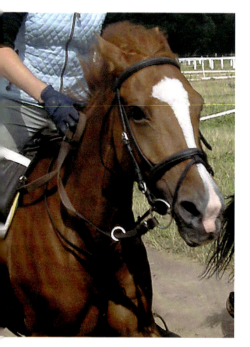

unteren Kehlrand stark hervorgewölbt und am oberen Rand scharf ausgeschnitten ist. Auch der „lange" oder „dünne" Hals, den man häufig bei Rennpferden findet, gehört zu den fehlerhaften Halsformen. Die Form des Halses ist nicht nur ein Schönheitsmerkmal, sondern vor allem für die Mechanik eines Pferdes von Bedeutung. Zusammen mit dem Nacken wirkt er als Hebel auf die Spannung des Rückens und die Entlastung der Hinterhand.

Die Stellung des Kopfes zum Hals bezeichnet der Fachmann als „Ansatz". Die Verbindung des Halses mit Brust und Schulter nennt man „Aufsatz". „Hoch aufgesetzt" ist der Hals, wenn er steil aus dem Widerrist ohne Ausschnitt hervorgeht, „tief aufgesetzt", wenn er annähernd in Richtung der Wirbelsäule verläuft und tief ohne Ausbuchtung aus dem Rumpf hervorkommt, und „gut aufgesetzt", wenn er am oberen Rand mit deutlichem Ausschnitt vom Widerrist aus nach vorn und oben ansteigt und am unteren Rand mit deutlicher Ausbuchtung zur Brust verläuft. Auch bei der Form und Stellung der Gliedmaßen gibt es zahlreiche Bewertungskriterien. Es gibt „Bärentatzigkeit", „Kuhhessigkeit", „Stuhlbeinigkeit" und vieles mehr.

Farben und Formen

Während die meisten Exterieurmängel freilich durch andere Qualitäten wieder wettgemacht werden können, wird man von Pferden mit nicht korrekt gestellten Beinen keine großen Leistungen erwarten dürfen. Ein Pferd mit schlechten Beinen bleibt ein schlechtes Pferd – auch wenn es den edelsten Kopf und die schönsten Augen hat.

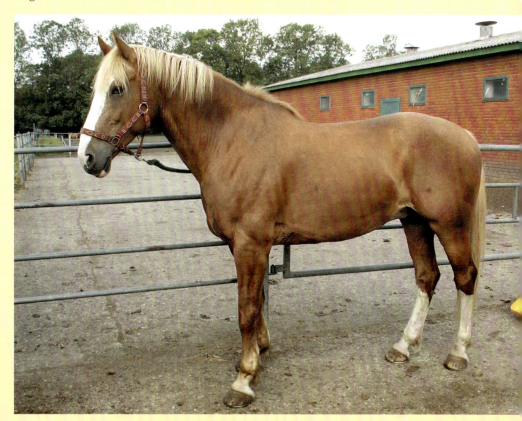

Die Gangarten

Die allermeisten Pferderassen besitzen drei „Gänge": den Schritt, den Trab und den Galopp.

Der **Schritt** ist die langsamste Gangart, bei der die Füße in regelmäßiger Folge abwechselnd nach vorne gesetzt werden. Man kann im Schritt jeweils vier Hufschläge mit gleichmäßigen Zwischenpausen hören. Es gibt den langen Schritt mit vollkommen hingegebenen Zügeln und den versammelten Schritt am Zügel.

Im **Trab** werden die diagonalen Beinpaare im Zweitakt gleichzeitig nach vorne geschleudert. Man unterscheidet zwischen Arbeitstrab, versammeltem Trab, Mittel- und starkem Trab, beim Arbeitstrab außerdem zwischen leichtem und ausgesessenem Trab.

> **INFO**
>
> **Das Leichttraben**
> Beim Leichttraben steht der Reiter beim Abfußen eines Beinpaares auf und lässt sich beim folgenden Tritt mit angezogenem Kreuz weich wieder im Sattel nieder, um sofort wieder aufzustehen. Das Pferd trabt dabei auf dem rechten bzw. linken Hinterfuß. In der Reitbahn soll es stets auf dem inneren Hinterfuß traben. Da das jeweilige Hinterbein kräftig abfedert, entsteht im schnellen Trab zwischen dem Wechsel der Beinpaare eine Phase des freien Schwebens.

Die Gangarten

Der **Galopp** hingegen erfolgt im Dreitakt. Dabei wird in einer Sprungfolge zuerst beispielsweise nur der rechte Hinterfuß, dann gleichzeitig der rechte Vorder- und der linke Hinterfuß und schließlich der linke Vorderfuß aufgesetzt. Beim Rechtsgalopp greift das rechte, beim Linksgalopp das linke Beinpaar weiter vor. Reitet man auf einem gekrümmten Hufschlag nach rechts, so ist der Rechtsgalopp bzw. nach links der Linksgalopp die natürliche Gangart. Außerdem unterscheidet man zwischen Arbeitsgalopp, versammeltem Galopp, Mittelgalopp und starkem Galopp. Mit dem Gehör kann man den Galopp an seinem Dreitakt erkennen.

Pass und Tölt

Der etwas irreführende Begriff „Gangpferde" bezeichnet Rassen, die außer den vorgestellten Grundgangarten noch den Pass beherrschen (z. B. Islandpferde).

Beim Pass werden die Beine nicht diagonal, sondern sagittal nach vorne gesetzt, also rechte Vorder- und rechte Hinterhand bzw. linke Vorder- und linke Hinterhand. Es entsteht dabei eine schaukelnde Bewegung wie bei einem Kamel, die für den Reiter ausgesprochen bequem ist. Deshalb wurden beispielsweise auch die mittelalterlichen Damenpferde (Zelter) auf den Passgang trainiert.

Der für Isländer typische Tölt ist eine Art „rennendes Gehen", eine Viertakt-Fußfolge wie beim Schritt, aber sehr schnell. Der Tölt ist für den Reiter ebenfalls sehr angenehm, weil er keine Schwebephase wie der Trab hat. Man wird also nicht im Sattel „geworfen", wie man im Fachjargon die unsanften Stöße nennt, die der ungeübte Reiter beim ausgesessenen Trab zu „erleiden" hat. Das Gewicht des Pferdes wird immer von einem Bein an das nächste weitergegeben. Im

INFO

Weitere Schaugänge
Schaugänge wie Amble, Canter, Rack, Running Walk, Foxtrott (siehe z. B. American Saddlebred, Missouri Foxtrotting Horse und Tennessee Walking Horse) etc. sind Variationen von Schritt, Trab, Galopp oder Pass. Sie sind angeboren oder werden den Pferden in mühsamen und teilweise umstrittenen Lektionen beigebracht.

Die Gangarten

Gegensatz zum Trab bleibt das Pferd mit mindestens einem Bein am Boden. Man kann den Unterschied von Trab und Tölt auf festerem Boden auch hören. Bei den meisten Gangpferderassen ist diese Gangart angeboren. Dennoch müssen die Pferde bei einem guten Trainer lernen, sich unter einem Reiter im Tölt zu bewegen und verschiedene Tempi und die Taktsicherheit zu beherrschen.

Das eigene Pferd

Der Traum vom eigenen Pferd wird wohl bei jedem Reiter einmal auftauchen, der mit Leib und Seele dabei ist. Neben der Verantwortung, die man bei diesem Schritt für ein anderes Lebewesen übernimmt, bedeutet dies natürlich auch eine finanzielle Belastung. Dennoch muss man heute für ein Pferd kein „Königreich" mehr ausgeben. Ponys und Kleinpferde bekommt man schon ab etwa 1000 Euro, als Durchschnittspreis für ein geländegängiges Freizeitpferd muss man in etwa 2300 Euro hinblättern. Je mehr ein Pferd kann, je besser die Abstammung ist und je schöner sein Aussehen, umso mehr steigt natürlich sein Marktwert. Nach oben hin sind daher (fast) keine Grenzen gesetzt. Von Pferden, die zu billig angeboten werden, sollte man die Finger lassen. Sie haben meist irgendwelche Mängel, die sich erst später herausstellen.

INFO

Welches Pferd ist das Richtige?
Das Pferd sollte auf jeden Fall eine abgeschlossene Grundausbildung haben. Natürlich sollte man nicht blind kaufen, sondern das Tier vorher ausprobieren. Vorteilhaft ist, wenn das Tier charakterlich bereits gefestigt ist. Die Haltung eines Hengstes sollte man nur erfahrenen Pferdeliebhabern überlassen. Auch wenn er noch so brav ist, kann er beim Zusammentreffen mit anderen Pferden, sei es bei der Übungsstunde, beim Ausritt oder auf der Weide, unerwartete Schwierigkeiten machen.

Das eigene Pferd

Bei der Auswahl des Pferdes sollte man sich auf jeden Fall von einem Fachmann, etwa dem Reitlehrer beraten lassen. Für Kinder ist die Auswahl des richtigen Pferdetyps besonders wichtig. Kleine Kinder können auf zu große Pferde nicht korrekt mit Kreuz und Schenkel einwirken, deshalb gehen sie zu hart mit Zügel und Gerte um. Solche Fehler sind später nur schwer wieder zu beheben. Reiter und Pony müssen also größenmäßig zusammenpassen. Für den Anfänger kommt nur ein älteres, ausgebildetes Pony in Frage, das meist natürlich teurer ist.

Wo kauft man ein Pferd?

Am besten kauft man sein Pferd beim Züchter, die Zuchtverbände helfen hier gerne mit Adressen weiter. Beim Pferdehändler sollte man nur dann kaufen, wenn dieser in Fachkreisen bekannt ist und einen guten Namen hat. Auf dem Pferdemarkt hingegen ist Betrug leider nie ganz auszuschließen. Auch wenn man das Tier von einem Bekannten übernimmt, sollte der Handel besser vor Zeugen oder noch besser mit einem Vertrag besiegelt werden. Die „Deutsche Reiterliche Vereinigung" hat einen Mustervertrag erarbeitet, in dem die notwendigen Bestimmungen aufgenommen sind. Vor dem Kauf sollte man das Pferd von einem Tierarzt gründlich untersuchen lassen, am besten ist es sogar, wenn dieser das Tier anschließend weiterbetreuen kann.

„Man kauft immer die Hoffnung", sagte einmal einer der größten deutschen Pferdehändler. Ein Satz, der natürlich nicht nur für die Qualität des Pferdes gilt. Ob der Wunschtraum vom eigenen Pferd der Realität standhalten kann, zeigt sich erst viel später. Ein Pferd will jeden Tag versorgt und ausreichend bewegt werden. Eine Freude und Aufgabe, die man auch halbieren kann, indem man sein Pferd mit einem Gleichgesinnten „teilt".

Das eigene Pferd

Der Sattel

Im Reitsport findet man heute drei Haupttypen: Dressur-, Spring- und Vielseitigkeitssattel. Sie unterscheiden sich im Wesentlichen in der Form des Sattelbaums, der den Rahmen für den Sattel darstellt. Er wird aus Holz oder Kunststoff hergestellt und mit gepolstertem Leder überzogen.

Der Dressursattel hat keine gepolsterten Pauschen und lange, gerade oder ganz wenig gewölbte Sattelblätter, da wegen des gestreckten Sitzes eine Vorwärtsverlagerung des Gewichts nicht so wichtig ist.

Weil beim Springen hingegen der Reiter sein Gewicht weit nach vorne verlagert und die Bügel kurzschnallt, hat der Springsattel ein weit nach vorne gezogenes Sattelblatt. Außerdem gehen die Pauschen weiter nach vorne und sind stark gepolstert.

Der Vielseitigkeitssattel ist ein Mittelding zwischen Dressur- und Springsattel. Er hat ein leicht vorgezogenes Sattelblatt und schwach gepolsterte Pauschen. Er ist auch mit längeren Steigbügeln gut zu sitzen.

INFO

Sattelgurt und -unterlage

Der Sattelgurt muss so lang sein, dass er sich leicht anziehen lässt. Dabei dürfen die Schnallen nicht direkt unter dem Knie des Reiters liegen. Außerdem muss er so breit sein, dass er nicht einschneidet. Die Sattelunterlage schützt das Sattelleder vor Schweiß. Sie muss der Form des Sattels angepasst sein.

Das eigene Pferd

Das Zaumzeug

Die in Europa am meisten verwendete Zäumung ist die Trense mit einem Wassertrensengebiss. Ihren Namen hat die Wassertrense daher, dass früher in der kalten Jahreszeit vor dem Aufzäumen heißes Wasser in die Hohlräume geschüttet wurde,

damit die Pferde nicht vor den eiskalten Metallteilen zurückschreckten. Die Wassertrense hat ein starres oder gebrochenes Gebiss mit zwei Ringen, an denen die Zügel befestigt sind.

Die daneben am meisten verwendeten Zäumungsarten sind die Kandare, das Pelham und das Hackamore.

Die Kandare ist die komplizierteste Form der Zäumung. Sie ist ein mit langen Anzügen oder Hebeln ausgestatteter Stangenzaum mit einer schmalen Unterlegtrense. Wegen der starken Hebelwirkung auf das Pferdemaul sollte sie nur von erfahrenen Reitern mit viel Fingerspitzengefühl verwendet werden.

Das Pelham ist eine besondere Form der Kandarenzäumung. Sie ist eine Kandare mit gebrochenem Mundstück wie bei der Trense, aber ohne Unterlegtrense.

Das Hackamore ist die bekannteste gebisslose Zäumung. Sie wirkt durch den Druck, der auf den Nasenrücken und die Kinn-

Das eigene Pferd

grube ausgeübt wird. Sie ist eine scharfe Zäumung, die ebenfalls nur von erfahrenen Reitern angewendet werden sollte.

Die Zügel werden bei der Trensenzäumung in die Trensenringe, bei der Kandarenzäumung in die Ringe am unteren Ende der Hebel (Anzüge) geschnallt.

Die Stallhaltung

Obwohl die Anhänger einer Robustpferdehaltung immer mehr zunehmen, ist der „Hauptaufenthaltsort" für die meisten Pferde nach wie vor der Stall. Damit sie sich dennoch wohlfühlen und bei Laune bleiben, sollte man ihn möglichst pferdegerecht gestalten.

Eine normale Laufbox ist nur für Pferde geeignet, die regelmäßig auf die Koppel kommen oder mehrere Stunden am Tag in die Reithalle oder ins Gelände dürfen.

Pferde brauchen Bewegung und Beschäftigung. Bekommen sie nicht genug davon, wird es der Reiter bald zu spüren bekommen. Was er als „Untugenden" bezeichnet, sind ganz einfach nur Übersprungs- und Ersatzhandlungen, um diesen Mangel auszugleichen. Auf jeden Fall sollte eine Laufbox für ein Großpferd nicht kleiner als 3 x 2,50 m sein, die Wände bis 1,40 m dicht hochgezogen und darüber ein Gitter zu Nachbarboxen angebracht sein. So können sich die Tiere gegenseitig nicht belästigen und dennoch Kontakt halten. Die Tür muss mindestens 1,5 m breit und 2,25 m hoch sein und einen pferdesicheren Riegel aufweisen.

Die obere Hälfte sollte am besten getrennt zu öffnen sein, damit Frischluft hinein und das Pferd hinausschauen kann. Besonders schön ist es natürlich, wenn die Pferde dabei ins Freie gucken und riechen können. Die Fenster sollten nach innen zu kippen und zugfrei angebracht sein. Tränke und Futter-

Das eigene Pferd

krippe sollten diagonal zueinander in Buggelenkshöhe des Pferdes angebracht werden, um ein „entspanntes" Fressen und Trinken zu gewährleisten.

Als Einstreu kann man Getreidestroh (außer Hafer), bei Stauballergie auch Torf verwenden. Glücklicherweise finden die in Gestüten seit langem üblichen Gruppenauslaufställe auch unter den Privat-Pferdebesitzern zunehmend Freunde. Statt in „Einzelhaft" werden mehrere Pferde zusammen in einem großen Laufstall gehalten. Hier kann sich nicht nur ein richtiges Herdengefühl entwickeln, die Pferde haben auch genügend Platz, um sich frei zu bewegen.

Die Robusthaltung

Anstelle eines tagtäglichen Dösens in einer engen, isolierten Box bedeutet Robusthaltung Auslauf, frische Luft und Umgang mit Artgenossen; für das Herdentier Pferd ist hier Erholung vom Psychostress angesagt. Natürlich ist es sinnvoll, mit der Extensivhaltung im Frühjahr zu beginnen. Während sich jüngere Tiere meist schnell daran gewöhnen, brauchen ältere Pferde etwas länger, um mit der ungewohnten Freiheit zurechtzukommen. Gegen Sonne, Regen, Wind, Schnee und Insektenplagen schützt ein „Unterstand". Für zwei Pferde (und weniger sollten es nicht sein) reicht ein 3 x 5 m großer Offenstall, der an drei Seiten geschlossen ist. Im Winter sollte man die vierte, dem Wind abgekehrte Seite möglichst auch noch halb schließen.

Während im Sommer bei normaler Beanspruchung eines Pferdes die Weide als Futter ausreicht, füttert man im Winter pro Pferd je nach Größe 15 bis 20 Pfund gutes Heu und je nach Beanspruchung auch Kraftfutter zu. Für zwei Tiere braucht man mindestens einen Hektar Weideland, das außerdem gepflegt werden muss. Wichtig ist natürlich stets sauberes, eisfreies Wasser. Der größte Vorteil der Robusthaltung: glücklichere Pferde!

INFO

Wie ein „normaler" Stall muss auch ein Offenstall täglich gesäubert bzw. immer gut mit trockenem Stroh eingestreut sein. Natürlich bedeutet die Koppelhaltung mehr Putzarbeit, da freie Pferde einfach schmutziger sind.

Das eigene Pferd

Pferderassen von A bis Z

Unsere Pferderassen lassen sich in drei verschiedene Pferdetypen einteilen: den Vollblüter, den Warmblüter und den Kaltblüter. Doch die Grenzen zwischen den einzelnen Typen sind nicht so leicht zu ziehen, wie sie in manchen Lexika verzeichnet sind. Kaltblüter werden dort vielfach ganz einfach als „gutmütige, schwerfällige Arbeitstiere mit dicker Mähne und Zotteln an den Beinen" bezeichnet,

während Warmblüter als „mit Vollblut veredelte, lebhafte Reitpferde" gelten und Vollblüter als „leicht gebaute und leicht nervöse Pferde, die vor allem im Rennen laufen". Veränderungen der Zuchtziele, bedingt durch die Bedürfnisse der jeweiligen Zeit, ließen die Grenzen fließend werden.

In der Biologie gelten als Kaltblüter normalerweise „wechselwarme Tiere, deren Körpertemperatur vollkommen von der Temperatur der Umgebung abhängig ist". Die Körpertemperatur bei Kaltblutpferden beträgt jedoch normalerweise 38,5 Grad und steigt nur bei Fieber an. Sie kommen ebenso wie Warm- oder Vollblüter ins Schwitzen, wenn sie sich anstrengen, und können ebenso vor Kälte zittern. Aber ihr Blut „in Wallung zu bringen", ist fast schon eine Kunst. Denn Kaltblüter sind die Ruhe in Person, was man ihnen schon rein äußerlich ansieht. Statt von Kaltblütern spricht man in anderen Ländern daher auch meist von „Schweren Pferden". Um die Verwirrung perfekt zu machen, wird bei uns beispielsweise der Haflinger, von seinem Ursprung her Kaltblüter, zu den Ponys und Kleinpferden gerechnet. Und natürlich gibt es unter den Kleinpferden auch Warm- und Halbblüter.

Pferderassen von A bis Z

Auch beim „Hochadel" unter den Pferden sieht es per definitionem nicht einfacher aus. Laut Duden ist ein Vollblut „im Allgemeinen jede rein, d.h. ohne Beimischung anderer Rassen gezüchtete Tierrasse". Tatsächlich zählen zu den Vollblütern lediglich der Vollbllut-Araber und das Englische Vollblut.

Arbeitspferde

Bevor der Mensch das Pferd in seine Dienste nahm, spannte er Ochsen paarweise unter ein Joch und trieb den Zugtieren einen Kupferring durch die Nase oder die Oberlippe. Durch diesen Ring wurden die Zügel gezogen und das Gespann gelenkt. Dieses schwere Los ging später auf das Pferd über, nur dass es nicht durch einen Nasenring, sondern mit Hilfe eines Gebisses oder eines Riemens gelenkt wurde, der auf seine Nase drückte. Pferde waren unersetzliche Helfer in Schlachten und Kriegen, zogen Streitwagen und Kanonen und trugen Feldherren und Ritter durch die Jahrhunderte. Pferde transportierten Waren und Menschen und ermöglichten so Kommunikation und Handel. Bis zur Erfindung der Eisenbahn waren sie in den meisten Ländern der Erde das Hauptverkehrsmittel.

Doch mit zunehmender Industrialisierung geriet das Pferd als starker und treuer Helfer des Menschen immer mehr in Vergessenheit. Die schweren Rassen, deren Ursprung vor allem in Belgien, Frankreich, Großbritannien, Dänemark und Österreich liegt und die überwiegend für den Zugdienst gezüchtet wurden, waren plötzlich überflüssig und mitunter nurmehr als Fleischlieferanten von Bedeutung. Sehr viele Rassen sind mittlerweile vom Aussterben bedroht. Die Zucht von Arbeitspferden liegt heute in der Hand einiger weniger Liebhaber (neben den Zuchtverbänden der einzelnen Rassen setzt sich

Pferderassen von A bis Z

auch die „Gesellschaft zur Erhaltung alter und gefährdeter Haustierrassen e. V." für sie ein), die mit ihrer Arbeit ein Stück Kulturerbe erhalten möchten. Ihre wirtschaftliche Bedeutung haben die einstigen Helfer weitgehend verloren, aber als Attraktionen auf Pferdeschauen zeugen sie immer noch von einer langen und bedeutsamen Geschichte.

Sportpferde

Sicherlich hat sich der Mensch auch schon sehr früh ein Vergnügen daraus gemacht zu testen, ob sein Pferd schneller ist als das seines Nachbarn. Die alten Griechen machten Wettreiten und Wettfahren zur Olympischen Disziplin, und auch im Alten Rom erfreuten die Herrscher das Volk mit militärischen Schauspielen und Wagenrennen, die von Zweier- und Vierergespannen ausgetragen wurden. Schnelligkeit war auch das Zuchtziel der Engländer, als sie vor rund 300 Jahren ihre schnellsten Stuten mit Arabern paarten und damit das Englische Vollblut schufen.

Heute ist das Pferd nicht nur Partner in zahlreichen Wettkampfdisziplinen, sondern vor allem auch Freizeitgefährte. Allgemeines Zuchtziel ist ein „edles, großliniges und korrektes Reitpferd mit schwungvollen, raumgreifenden, elastischen Bewegungen, das aufgrund seines Temperaments, seines Charakters und seiner Rittigkeit für Reitzwecke jeder Art geeignet ist". Da innerhalb dieser „Rahmengesetzgebung" jeder Zuchtverband sein Zuchtziel im Einzelnen festlegen darf, bestehen zwischen einzelnen Pferderassen dennoch deutliche Unterschiede in den Körpermerkmalen.

Dies ist natürlich vor allem auch von den Erfordernissen der jeweiligen Disziplin abhängig, für die die Pferde gezüchtet werden. Wie Experten in Untersuchungen festgestellt haben, heben sich die Springpferde deutlich von den in Dressur und Military eingesetzten Pferden ab. Springpferde sind größer und länger, haben eine

Pferderassen von A bis Z

größere Hüftbreite, Brusttiefe und Brustumfang. Die Differenzen zwischen Dressur- und Militarypferden sind hingegen geringer. Für die Springdisziplin eignen sich Pferde mit großem Rahmen, langen Linien und viel Kaliber wie der Hannoveraner, wohingegen für Dressur und Military Rassen wie das Englische Vollblut oder der Trakehner besonders prädestiniert sind.

Ponys und Kleinpferde

Die meisten Menschen verstehen unter einem Pony mehr ein Kinderspielzeug denn ein „richtiges" Pferd – ein Vorurteil, das lediglich auf das kleinste unter den Ponys zutrifft, das Falabella. Fast alle anderen Ponyrassen sind nämlich robust und kräftig genug, auch Erwachsene problemlos auf ihrem Rücken zu transportieren. Was genau allerdings ein Pony ist, darüber streiten sich selbst die Experten. Deshalb wurde vor einiger Zeit im Turniersport ein Maß eingeführt, an dem kein Pony mehr vorbeikommt. Alle „Pferde" bis zu 148 cm Stockmaß gelten demnach als Ponys, alles was darüber liegt als Pferd.

Zoologisch gesehen, hilft einem der festgelegte Pony-Maßstab allerdings nicht weiter. Der Haflinger beispielsweise hat zwar Ponygröße, ist aber von seinem Ursprung her eigentlich Kaltblüter. Camarguepferd, Criollo, Mustang, Paso Fino und andere Rassen gehören zu den Großpferden, obschon sie meist nicht größer als Ponys werden. Und um das Begriffschaos noch größer zu machen, werden Fjord-„Pferd" und Island-„Pferd" zu den Ponys gerechnet. In der letzten Zeit hat sich für einige größere Ponyrassen daher die Bezeichnung „Kleinpferd" eingebürgert.

Pferderassen von A bis Z

Achal-Tekkiner

Ihren Namen verdanken die vielseitigen Freizeit- und Sportpferde (Stockmaß 152 bis 164 cm) dem turkmenischen Nomadenstamm der Tekke. Obwohl die Steppen und Wüsten Turkmeniens im Sommer glühend heiß und im Winter bitterkalt sind, hielten die Nomaden ihre „goldenen Pferde" das ganze Jahr über in Decken gehüllt. Noch heute trägt ein Achal-Tekkiner in seinem Heimatland mitunter sieben traditionelle Decken, von denen jede einen eigenen Namen hat. Natürlich können diese edlen Pferde auch ohne diese Schutzschicht leben. Wie auch der Araber lebte der Achal-Tekkiner meist mit im Zelt seines Herrn und war ständig an dessen Seite. Zu einem „Traumpferd" entwickelt sich dieses sensible, stolze Tier auch heute noch nur für denjenigen, dem es gelingt, sein Vertrauen und seine Freundschaft zu gewinnen. Menschen, die ihn nur einmal „ausprobieren" wollen, zeigt er hingegen seine eigensinnige und widerspenstige Kehrseite – für den Überlebenskampf in der Wildnis, wo die Devise Durchhalten oder Umkommen lautet, ein unersetzlicher Charakterzug.

Zu Recht werden diese geschmeidigen Tiere als „Windhunde" unter den Pferden bezeichnet. Sie sind schlank, sehnig, ausdauernd und sehr schnell. Berühmt gemacht haben sie vor allem ihre Leistungen beim längsten Distanzritt der ehemaligen UdSSR, der über 4300 km von Aschchabad nach Moskau führt. Achal-Tekkiner bewältigen diese Strecke in nur 84 Tagen, wobei sie die 360 km durch die wasserlose Karakum-Wüste in sage und schreibe drei Tagen schaffen.

Arab", eines der bekanntesten Distanzpferde, war zudem gefeierter Champion bei Spring-Wettkämpfen, sein Sohn „Absent" gewann sogar bei den Olympischen Spielen 1960 in Rom die Gold- und 1964 in Tokio die Bronzemedaille in der Dressur. In Deutschland gibt es nur etwa 200 Achal-Tekkiner, pro Jahr kommen rund 20 Fohlen hinzu. Weitere kleine Zuchten gibt es in Österreich, Italien, Belgien und den USA.

Pferderassen von A bis Z

Aegidienberger

Der Aegidienberger ist ein kräftiges Kleinpferd (Stockmaß 140 bis 150 cm) aus dem Rheinland. Er entstand aus dem Wunsch heraus, den ruhigen, umgänglichen Charakter des Islandpferdes mit der Größe und Leichtrittigkeit des Paso Peruano zu verbinden.

Die Mischung aus isländischem und peruanischem Blut erwuchs im Gestüt Aegidienberg in der Nähe von Köln. Das Ergebnis kann sich sehen lassen.

Der Aegidienberger ist ein gehfreudiger, leistungsfähiger Tölter, fast so robust wie ein Isländer, dafür aber toleranter gegenüber hohen Temperaturen. Das hübsche Kleinpferd ist ein treuer und liebenswerter Freizeitpartner. Die Freunde des Aegidienbergers schätzen auch seinen üppigen Behang.

Altér Real

Dieses elegante und ausgezeichnete Reitpferd (Stockmaß 150 bis 158 cm) geht auf 40 edle Andalusier-Stuten zurück, die 1748 für das neu gegründete Gestüt „Alter do Chao" gekauft wurden, um Pferde für die königlichen Ställe in Lissabon zu züchten. Falsche Zuchtwahl bei der Einkreuzung von Arabern, Vollblütern, Normännern und Hannoveranern im 19. Jahrhundert aber brachte diese wertvolle Rasse an den Rand der Zerstörung.

Erst durch die erneute Zuführung von spanischem Blut ging es mit dem Altér Real wieder aufwärts. Er sieht dem Andalusier sehr ähnlich, ist allerdings etwas kleiner. Er hat wie dieser eine hohe Knieaktion und eine besondere Begabung für die Dressur. Sein Temperament und seine Erregbarkeit erfordern allerdings einen erfahrenen Reiter.

American Saddlebred

Die Rancher aus Kentucky wollten mit dieser Rasse ein ausdauerndes, leichtes und vor allem attraktives Pferd schaffen. Deshalb kreuzten sie englische, amerikanische

und kanadische Passgänger und mischten später noch Morgans Narrangansett Pacer und Vollblüter bei. Diese hoch sensiblen Pferde (Stockmaß 152 bis 164 cm), die vielfach als die „schönsten Pferde der Welt" gelten, sind intelligent und menschenbezogen, feurig, mutig und dennoch genügsam – und wegen ihrer atemberaubenden Gänge eine Attraktion bei Pferdeschauen und Paraden. Die Rasse gibt es in drei „Modellen": als Fahrpferd, als Drei- und als Fünfgänger. Das „fivegaited saddlehorse" verfügt neben den normalen drei Gangarten und dem „Canter", eine Art leichter „Parkgalopp", noch über „Slow Gait" (einen gebrochenen Pass) und den „Rack" (eine sehr schnelle, rhythmische Gangart im Viertakt).

Für ihre Auftritte werden die Drei- und Fünfgänger verschieden zurechtgemacht: das dreigängige American Saddlebred Horse mit geschorener Mähne und geschorenem Schweif, der fünfgängige Saddler mit langer Mähne und langem, hoch getragenem Schweif. Diese auffällige Schweifstellung wird meist nur mit einer „Schönheitsoperation", bei der ein Muskel durchtrennt wird, und dem monatelangen Tragen in einem

Pferderassen von A bis Z

Spezialgeschirr erreicht. Die ausdrucksvollen Gänge werden mit Hilfe von hohen Fußsockeln und Gewichten erzwungen. Was in den USA als chic gilt und bei Wettkämpfen mit hohen Preisgeldern belohnt wird, gilt in Europa als Tierquälerei. Bei uns wurde diese liebenswerte Rasse vor allem durchs Fernsehen berühmt: „Fury", „Flicka" und „Black Beauty" waren American Saddlebred Horses.

American Standardbred

Im Schritt und im Galopp macht dieses Pferd (Stockmaß 153 bis 165 cm) eher einen unbeholfenen Eindruck, im Trab aber ist es ungeheuer schnell und raumgreifend. Der American Standardbred ist der schnellste Traber der Welt. Um in das „American Trotting Register" eingetragen zu werden, mussten ab 1879 unerprobte Pferde in Testläufen beweisen, dass sie schnell genug waren. Heute zählt nicht mehr die Schnelligkeit für eine Eintragung, sondern die Abstammung.

Vor allem das Englische Vollblut, aber auch Norfolk Trotter, Araber, Morgans und Narragansett Pacer haben seit etwa 1800 zur Entstehung dieser harten und ausdauernden Rasse beigetragen.

Andalusier

Der Andalusier (Stockmaß 152 bis 158 cm) ist der Stolz der spanischen Pferdezüchter, und man spricht in seiner Heimat von ihm nur als der „Pura Raza Española", der reinen spanischen Rasse. Die Wiege des Andalusiers liegt in drei Kartäuser-Klöstern Spaniens im 15. Jahrhundert. Die Mönche nahmen es mit der Reinrassigkeit so ernst, dass sie den Katholiken, die sich vom nationalen Pferdetyp entfernten, sogar mit der Exkommunikation drohten. Vor allem den Mönchen von Jerez ist es zu verdanken, dass einige wenige reinrassige Andalusier die Regierungszeit Philipps III. überlebten, der die Einkreuzung nordischen Blutes befahl.

Im 16. und 17. Jahrhundert wurde der Andalusier zum Stammvater fast aller europäischer Pferdezuchten. Stuten und Hengste aus den königlichen Gestüten Cordoba, Sevilla und Jerez beeinflussten die Entstehung des Englischen Vollbluts ebenso wie die des Neapolitaners, Kladrubers, Frederiksborgers und des Lipizzaners. Cortéz eroberte mit spanischen Pferden weite Teile Amerikas. Sie wurden die Ahnen des Appaloosas, des Pintos, des Quarter Horses und vieler Rassen mehr.

Andalusier

Heute züchtet man reinrassige Andalusier in der Region um Jerez de la Frontera. Die hoch sensiblen Tiere sind ausgesprochen angenehme, aber dennoch feurige Reitpferde mit großer Ausdauer, Genügsamkeit und gutem Charakter.

Anglo-Araber

Diese edle Pferderasse (Stockmaß 158 bis 160 cm) ist aus der Kreuzung von Englischem Vollblut und Vollblut-Arabern entstanden. Die Mutter darf dabei einer dieser Rassen angehören, solange 25 % arabischen Blutes erhalten bleiben. Anglo-Araber werden im südlichen Frankreich seit über 100 Jahren gezüchtet. Besondere Berühmtheit erreichten zum Beispiel der in Trakehnen eingesetzte Hengst „Nana Sahib" (geb. 1900) und in Oldenburg „Inschallah" (geb. 1968).

Daneben existiert auch in Ungarn (Gidran) und in Polen (Malopolska) eine Anglo-Araber-Zucht, aus der beispielsweise der berühmte „Ramses" (geb. 1937) hervorgegangen ist.

Der Anglo-Araber vereint die positiven Eigenschaften beider Rassen und wurde zu einem leistungsstarken Sport- und Rennpferd, das neben ausgezeichnetem Galoppvermögen auch ein großes Springtalent mitbringt. Die elegante Rasse hat außerdem gute Reitpferde-Eigenschaften. Ihr hitziges Temperament kann allerdings nur von einem erfahrenen Reiter gezügelt werden.

Appaloosa

„Apalouse" nannten die weißen Händler das auffällig gefleckte Pferd (Stockmaß 142 bis 165 cm) der Nez-Percé-Indianer, als sie um 1870 in die Gegend des Flusses Palouse kamen. Die Indianer hatten vermutlich aus spanischen Pferden durch überlegte Zucht und ausgefeiltes Training ein Pferd geschaffen, das berühmt wurde für Mut, Ausdauer, Anhänglichkeit, Intelligenz und Schnelligkeit. Als sich die Indianer 1877 der amerikanischen Armee ergeben mussten, wäre die ruhmreiche Geschichte der Appaloosas fast zu Ende gewesen. Glücklicherweise waren einige Rancher von diesen Tieren so begeistert, dass sie die Rasse, wenn auch unter sehr großen Schwierigkeiten, weiterzüchteten.

Kaum ein anderes Pferd ist so vielseitig wie der Appaloosa. In den USA ist er das beliebteste Arbeitspferd. In Deutschland wurde er erstmals 1975 auf der „Equitana" vorgestellt. Seither hat das nervenstarke und leichtrittige Pferd, das trotz seines Temperaments immer die Ruhe behält, auch bei uns unzählige Anhänger gefunden. Seine Ausdauer und Zähigkeit prädestinieren es für Wander- und Distanzreiten, aber auch im Renn-, Spring- und Dressursport wird es erfolgreich eingesetzt. Da der Appaloosa außerdem sehr gutmütig ist, eignet er sich hervorragend als Begleiter für Jugendliche.

Pferderassen von A bis Z

Ardenner

Der Ardenner (Stockmaß 157 bis 160 cm) gilt als direkter Nachfahre des Solutré-Pferdes und ist damit eine der ältesten Kaltblutrassen überhaupt. Schon Julius Cäsar soll bei seinem Einmarsch in Gallien von dieser Rasse begeistert gewesen sein. Später zog der Ardenner Napoleons Geschütze sowie Fuhrwerke und landwirtschaftliche Arbeitsgeräte hinter sich her.

Um ihn etwas leichter zu machen, wurde im Laufe seiner Geschichte immer wieder orientalisches Blut eingekreuzt. Heute wird das mittelschwere Kaltblut oftmals zur Blutauffrischung anderer schwerer Rassen eingesetzt. Der energische Ardenner ist für jede landwirtschaftliche Arbeit geeignet, von robuster Gesundheit und gutem Charakter.

Das Pferd mit der charakteristischen Fesselbehaarung, das in den französischen und belgischen Ardennen, den Vorgebirgen der Vogesen, der Champagne und der Lorraine entstanden ist, eignet sich auch hervorragend als Kutschpferd, das kinderleicht zu lenken ist. Es zeichnet sich durch energische, schnelle Bewegungen und raumgreifenden Trab aus.

Assateague Pony

Ein Schiffbruch nahe der amerikanischen Ostküste bestimmte das Schicksal dieser Rasse. Als im 16. Jahrhundert ein spanisches Schiff strandete, konnten sich einige Pferde schwimmend auf die Insel Assateague retten. Auf dem kleinen Eiland haben die Ponys (Stockmaß um 122 cm) ihr Paradies gefunden. Etwa 120 Ponys leben auf Assateague.

Jeweils am letzten Donnerstag oder Freitag im Juli werden die überschüssigen einjährigen Fohlen zusammengetrieben und durch einen Korridor aus Booten schwimmend zur Nachbarinsel getrieben und verkauft. Sie sind wie alle wild lebenden Pferde ausgesprochen gesund, zäh und unempfindlich gegen Klimaschwankungen. Damit aus ihnen allerdings brauchbare Kutsch- und Kinderreitpferde werden, benötigt man viel Geduld und Hartnäckigkeit.

Bayerisches Warmblut

Bereits im 11. Jahrhundert berichtet ein Chronist von einem Reitpferd, das er „Rottaler Fuchs" nannte. Die schweren Pferde machten sich schon im Mittelalter zur Zeit der Kreuzzüge als Reit- und Wagenpferde verdient. Systematisch gezüchtet wurde diese Rasse, die wahrscheinlich aus der Kreuzung eines Landschlages mit Orientalen hervorgegangen war, aber erst im 15. Jahrhundert von Adeligen und Mönchen im niederbayerischen Rottal. Als gegen Ende des 18. Jahrhunderts bei der Armee leichtere Pferde erwünscht waren, wurden englische Halbblut- und Cleveland-Hengste, Normänner und Zweibrücker eingekreuzt. Um die Rasse für landwirtschaftliche Arbeiten tauglicher zu machen, wurden Ende des 19. Jahrhunderts Oldenburger Hengste als Beschäler zugeführt.

Um 1960 erfolgte durch Hannoveraner, Englische Vollblüter und Trakehner eine züchterische Umstellung auf den Typus des modernen Reitpferdes. Auf Rottaler Grundlage entstand das Bayerische Warmblut, das bei Freizeitreitern genauso beliebt ist wie bei Pferdesportlern. Daneben bemühen sich Pferdeliebhaber auch um die Wiederbelebung der uralten Rasse des Rottalers.

Berber

Mit 145 bis 160 cm Stockmaß zählt der Berber zwar nicht zu den Riesen unter den Pferden, sein Ruhm als Stammvater anderer Rassen aber ist beinahe so groß wie der des Arabischen Vollbluts. Und er ist mindestens ebenso alt. Die Blütezeit des Berbers aber begann mit der Herrschaft des Islam. 800 n. Chr. brachten die Mauren eine große Zahl ihrer berühmten Tiere nach Spanien, wo sie mit den einheimischen Pferden verpaart wurden und den Andalusier ergaben. Als 1662 die Gattin Karls II. von England die Stadt Tanger als Mitgift einbrachte, wurden wegen der Leidenschaft des Königs für Pferderennen unzählige Berber nach England eingeführt, um den einheimischen Rassen mehr Schnelligkeit und Ausdauer zu verleihen. Damit wurden die kleinen Nordafrikaner zu den Vorläufern des Englischen Vollbluts. Der Berber ist charakterfest, absolut scheufrei, trittsicher, mutig und ganz weich zu sitzen.

Bosniake

Der Bosniake, auch Bosnisches Gebirgspferd genannt, ist die wichtigste Kleinpferderasse in den Balkanländern (Stockmaß 130 bis 140 cm). Er ist dort als Trag- und Zugtier unentbehrlich und wird bisweilen auch als Reitpferd eingesetzt. Vor allem während der Türkenherrschaft, aber auch zur Zeit der Donaumonarchie wurde dem tarpanähnlichen Gebirgspferd viel orientalisches und türkisches Blut zugeführt.

Während das Pferd seine Belastbarkeit und den sanften Charakter von bodenständigen Stuten geerbt hat, verdankt es die leichte und dennoch kräftige Statur den Arabern. Seit längerem wird die Rasse rein weitergezüchtet.

Der Bosniake geht auf die drei Hengste „Misko", „Barut" und „Agan" zurück, die 1933 im Hauptgestüt Borike Hauptbeschäler waren.

Seit den 1960er-Jahren ist er auch bei uns zu einem beliebten Reitpferd geworden, das sich hervorragend für Distanz- und Wanderritte eignet.

Pferderassen von A bis Z

Brabanter

Wie sein Name schon sagt, ist die Heimat des wuchtigsten Arbeitspferdes (Stockmaß 165 bis 175 cm) die belgische Provinz Brabant. Daneben findet man auch die Bezeichnungen „Belgier" oder „Belgisches Kaltblut". Vielfach wird er auch „der stärkste lebende Traktor der Welt" genannt.

Einige Pferdekenner sehen ihn als direkten Nachkommen des alten Diluvial-Pferdes an. Die Zucht dieser schweren, kräftigen Rasse lag stets in bäuerlicher Hand. 1866 wurde der Verband „Le Cheval de Trait Belge" gegründet. Bis 1870 bildeten sich drei Zuchtstämme heraus: die Gros-de-la-Dendre-, die Gris-des-Hainot- und die Colosses-de-la-Mahaique-Linie.

Gegen Ende des 19. und Anfang des 20. Jahrhunderts wurden die Belgier in viele Länder exportiert und hatten ungeheuren Einfluss auf andere Rassen in aller Welt.

Mit Beginn der Motorisierung der Landwirtschaft in den 1950er-Jahren ging die Zucht zunehmend zurück. Leider dient auch diese alte Rasse heute vielfach nur noch als Fleischlieferant.

Bretone

Das Bretonische Schwere Zugpferd, ein gedrungenes, kompaktes Tier mit kraftvollem Rumpf und kurzen Beinen, entwickelte sich aus der Einkreuzung mit Percherons, Ardennern und Boulonnais. Der Postier, ein kräftiges, mittelschweres Kutsch- und Zugpferd mit vor allem im Trab energischen Bewegungen, wurde von Norfolk Trotter und Hackney beeinflusst. Das leichte Corlay-Pferd, ein mittlerweile sehr selten gewordenes Kutsch- und Reitpferd, ist eine Kreuzung aus Bretone, Englischem Vollblut und Araber. Auch außerhalb Frankreichs entstanden Nachzuchten des Bretonen (Stockmaß 150 bis 165 cm). Die Rasse gilt als anspruchslos, sehr ausdauernd, arbeitswillig und gutmütig.

Camarguepferd

Ihre Herkunft liegt im Dunkeln: Während die einen Experten in den berühmten Camarguepferden (Stockmaß 135 bis 146 cm) die beinahe unveränderten Nachkommen des eiszeitlichen Solutré-Pferdes vermuten, sehen die anderen die nordafrikanischen Berberpferde als Urahnen dieser genügsamen und furchtlosen Pferderasse an.

Die „weißen Pferde der Camargue" leben auch heute noch halb wild in sogenannten Manaden von 40 bis 50 Tieren in den Sümpfen und auf den Weiden Südfrankreichs.

Dennoch werden die Tiere in regelmäßigen Abständen von Fachleuten untersucht.

Die Fohlen bekommen ein Brandzeichen, die Hengste, die zur Zucht untauglich sind, werden mit drei Jahren eingefangen und kastriert.

Die mutigen Pferde sind unersetzliche Helfer der Hirten. In einer nicht ungefährlichen Aktion werden sie zum Hüten und Zusammentreiben der Kampfstiere zugeritten.

Pferderassen von A bis Z

Camarguepferd

In ihrer Wendigkeit stehen sie auch den amerikanischen Westernpferden und den Andalusiern in nichts nach. Außerdem dienen die trittsicheren, kräftigen Pferde als Touristenreittiere, Freizeitpferde und hervorragende Arbeitspferde. Das Camarguepferd, das erst mit ungefähr fünf bis sieben Jahren ausgewachsen, aber sehr langlebig ist, gilt seit 1968 als eigene Rasse.

Cheval de Selle Français

Man kennt es vor allem als das Pferd der Cadre Noir, des französischen Pendants zur Spanischen Hofreitschule in Wien. Das Cheval de Selle Français (Stockmaß 160 bis 170 cm) hat eine lange Geschichte.

Es geht zurück auf das Normannische Pferd, das schon vor 1000 Jahren in der Normandie gezüchtet worden sein soll und das Wilhelm der Eroberer vermutlich als Kriegspferd nach England mitgenommen hat. Später wurde es für einige Jahrhunderte still um den Normannen.

Erst ab 1683 führte Colbert zur Blutauffrischung Berberhengste ein. Es folgten Dänen und im 18. und 19. Jahrhundert Englische Voll- und Halbblüter, vor allem der Norfolk Trotter.

Das Cheval de Selle Français ist ein hervorragendes Reitpferd, das auch im Hochleistungssport gute Erfolge erzielt. In der klassischen Dressur erreichen diese Pferde allerdings nicht ganz die Ausstrahlung der berühmten Andalusier und Lipizzaner.

Cleveland Bay

Entsprechend seiner Aufgabe wurde er früher nach dem „chapman" (Händler) „Chapman Horse" genannt. Vor allem im 17. und 18. Jahrhundert wurde das widerstandsfähige und langlebige Tier (Stockmaß 165 bis 170 cm) nämlich von den reisenden Kaufleuten der Cleveland Hills als Packpferd verwendet. Durch arabischen und englischen Vollbluteinfluss entstand gegen Ende des 18. Jahrhunderts in Cleveland und Yorkshire das heute fast ausgestorbene Yorkshire Coach Horse, eine etwas größere und auffälligere Variante des Cleveland Bays.

Heute ist der Cleveland Bay, der wegen seiner braunen Farbe auch „Cleveland Brown" genannt wird, nicht nur das Equipagepferd des englischen Königshauses, sondern auch als ausgezeichnetes Wagenpferd bei feierlichen Anlässen in der ganzen Welt gefragt. Der ausgezeichnete Vererber war auch an der Entstehung des Oldenburgers und Holsteiners beteiligt. Außerdem wird er heute neben der Reinzucht auch gerne wieder mit Englischem Vollblut gekreuzt, um gute Jagd- und Springpferde zu erhalten. Der Cleveland Bay gilt als sehr genügsam, hat einen raumgreifenden Schritt sowie gutes Galoppier- und Springvermögen.

Clydesdale

Die Clydesdales (Stockmaß 165 bis 175 cm) stammen aus jenem schottischen Tiefland, durch das der Clyde fließt. Mitte des 18. Jahrhunderts wurden durch die Verbesserung der Straßenverhältnisse und die damit verbundene Umstellung der Pferde von Lastenträger auf Zugpferd in den Kohlebergwerken die robusten einheimischen Landstuten mit schweren flandrischen Hengsten gekreuzt.

Von 1884 bis zum Ersten Weltkrieg wurden zahlreiche Pferde in die USA und nach Kanada exportiert.

Heute sind die Clydesdales als Fahrpferde vor allem in den USA, in Neuseeland, Australien und Südafrika beliebt.

Connemara

Vermutlich wurden die Connemara-Ponys (Stockmaß 135 bis 148 cm) von den Kelten mitgebracht, die sich seit dem 5. Jahrhundert v. Chr. im Südwesten Englands und in Irland ansiedelten.

In anderen Gegenden wichen sie im Laufe der Zeit den Großpferden, nur in der kargen, rauen Moor- und Hügellandschaft an der Westküste Irlands, in der Connemara, trotzten die unverwüstlichen Kleinpferde der Natur und den Menschen.

Durch jahrhundertelange, natürliche Zuchtauswahl entstand ein außergewöhnlich robustes und hartes Pferd. Ende des 16. Jahrhunderts floss Blut der spanischen „Genetten" ein, die infolge des Untergangs der spanischen Armada 1588 in dieser Gegend gelandet sein sollen. In jüngster Zeit kreuzte man in die Rasse, die als Connemara registriert wurde, Araber und Englisches Vollblut ein.

Das Ergebnis waren so bekannte Springpferde wie „Dundrum", gezogen aus einer Connemara-Stute und dem Englischen Vollbluthengst „Little Heaven", der mit nur 146 cm Stockmaß Hindernisse von 2,10 m mühelos bewältigte, oder auch der berühmte „Stroller".

Das Connemara ist ein sehr wendiges, trittsicheres und springfreudiges Pferd, das sich für alle Sparten des Reit- und Fahrsports eignet.

Es ist zäh und ausdauernd, hat angenehme Gänge, ein freundliches Wesen und ein ruhiges Gemüt. Die drahtigen Pferde sind ideale Freizeitgefährten nicht nur für Kinder. Auch als Polo-Ponys und als Jagdpferde haben sie sich bewährt.

Pferderassen von A bis Z

Criollo

Das kleine Reitpferd der Gauchos ist eine der widerstandsfähigsten Rassen der Welt. Seine Geschichte beginnt 1535 mit der Einfuhr von etwa 100 Andalusiern und einigen schweren Pferden durch Don Pedro Mendoza, den Gründer von Buenos Aires. Diese Pferde verwilderten in den Pampas und vermehrten sich zu riesigen Herden. Die Unwirtlichkeit des Geländes und die harten Umweltbedingungen schufen eine sehr ausdauernde, genügsame und vor allem gesunde Pferderasse.

Hin und wieder fingen die Siedler einige Pferde als Reit- und Tragetiere ein. Die eigentliche Zucht begann aber erst vor etwa 100 Jahren, als man anfing, diese Rasse mit europäischen und amerikanischen Hengsten zu kreuzen. Das erste Stutbuch entstand 1893 in Chile. „Fina Sangre Chilena" nannten die Chilenen ihre Criollos. Es folgten 1912 Argentinien, 1930 Brasilien und Uruguay.

Später wurden alle vier Register unter einem einheitlichen „Zuchtbuch der Criollo-Rasse" zusammengeschlossen. Auch heute noch ist dieses widerstandsfähige, gelehrige und zähe Pferd (Stockmaß 140 bis 153 cm) das Reittier der Rinderhirten. Als Zugtier kann es erstaunliche Lasten bewegen.

Dales Pony

Dieses ausgesprochen kräftige Kleinpferd (Stockmaß 143 bis 147 cm) mit dem typischen Ponykopf bildet eine der größten Ponyrassen Großbritanniens. Von keltischer Abstammung, diente es den Bergbauern über Jahrhunderte treu als Zug- und Reittier. Im 17. und 18. Jahrhundert wurde das Dales Pony vor allem für die Bleitransporte zur Küste verwendet.

Die Dales sind umgänglich, einsatzfreudig und trotz ihrer kräftigen Statur lebhaft und leichtfüßig. Vor allem für Erwachsene sind sie ideale Trekkingpferde, in England sind sie vor allem als Distanzponys begehrt. In Deutschland gibt es lediglich fünf Zuchtpferde, die im nordrhein-westfälischen Greven stehen.

Dartmoor Pony

Seine Heimat ist jene urwüchsige Landschaft im Südwesten Englands, dessen Namen es auch trägt: Dartmoor. Ein Gebiet von fast 600 Quadratkilometern Moor, Heide und Granitfelsen, in dem der „Regen waagerecht kommt", vom Atlantik oder vom Kanal her. Seit 1951 Nationalpark, kreuzen bis heute nur zwei Straßen das Hochmoor. Wie vor Jahrhunderten gehört die wilde Landschaft vor allem den Schafen und den Ponys, die hier immer noch in wilden oder halb wilden Herden leben. Das Moor war von jeher ihr bester Schutz. Hier überlebten die kleinen, zähen Pferde beispielsweise den Befehl König Heinrichs VIII., der alle Pferderassen unter 14 hands, also 142,2 cm, ausrotten wollte.

Kleiner hingegen wollten Menschen die Dartmoor Ponys (Stockmaß 116 bis 127 cm) in späterer Zeit haben. Für die Arbeit in den engen Bergwerksstollen wurden sie vor etwa 100 Jahren mit Shetland-Hengsten gekreuzt, die man einfach im Dartmoor aussetzte. Um die Jahrhundertwende im Typ sehr uneinheitlich, wurden erst 1899 ein Standard und ein Stutbuch geschaffen. 1961 legte man ein sehr strenges Veredelungsregister an.

Die gutmütigen und ausgeglichenen Ponys sind schnelle und ausdauernde Kinderpferde, die sich ebenso als Turnierponys eignen. Seit einiger Zeit finden sie auch bei uns in Deutschland immer mehr Anhänger.

Pferderassen von A bis Z

Deutsches Reitpony

Das Deutsche Reitpony (Stockmaß 138 bis 148 cm) ist das Kind vieler Eltern, denn an seiner Entstehung waren zahlreiche Ponyrassen beteiligt. Nach englischem und amerikanischem Vorbild, wo „Riding Ponys" schon seit langem beliebt sind, wird diese Rasse bei uns erst seit knapp 30 Jahren gezüchtet. Um die Größe und die guten Eigenschaften von Ponys mit einem edleren und eleganteren Äußeren zu verbinden und gleichzeitig ein vielseitiges Sportpferd für Jugendliche zu schaffen, kreuzte man Ponys mit Großpferden.

Mittlerweile gibt es zwar ein einheitliches Zuchtziel, dennoch wird regional verschieden die eine oder andere „Mischung" bevorzugt, sodass das äußere Bild noch sehr uneinheitlich ist. Die meisten Deutschen Reitponys haben alte, robuste Rassen wie das Welsh, New Forest oder Connemara Pony unter ihren Vorfahren. Zur Veredelung wurden vor allem Araber, Anglo-Araber und Vollblüter, vereinzelt auch Warmblüter (z. B. Trakehner) eingesetzt.

Nicht zur Zucht zugelassen sind hingegen Haflinger, Isländer, Fjordpferde und Shetland Ponys. Das Deutsche Reitpony ist ein hervorragendes Kinderreitpferd und ein ideales Sport- und Turnierpferd für Jugendliche. Es ist anspruchslos, von gutartigem Charakter, willig, leistungsbereit, mutig und von ausgeglichenem Temperament. Dieses „Edelpony" ist ebenso gut im Springen wie bei der Dressur oder im Fahrsport einzusetzen und hat einen langen, raumgreifenden Schritt wie Großpferde. In Deutschland wurde es mittlerweile nach dem Haflinger zur zweithäufigsten Ponyrasse.

Pferderassen von A bis Z

Dülmener

Die Dülmener „Wildpferde" (Stockmaß 130 bis 140 cm) sind die letzte in Freiheit lebende Pferderasse Deutschlands. Zoologisch gesehen sind sie zwar keine „richtigen" Wildpferde, sondern eher „verwilderte Pferde", aber sie zeigen meist noch die mausgraue und falbe Wildpferdfärbung mit dem Aalstrich. Bereits im Jahre 1316 berichtet eine Urkunde von der Existenz der Dülmener.

Damals sicherte sich der Herr von Merfeld neben den Fischerei- und Jagdrechten auch das Recht an den „Wilden Pferden". In späteren Besitzteilungen des Gebietes werden die Pferde immer wieder erwähnt. Im Laufe der Jahrhunderte wurde verschiedentlich Fremdblut von Hengsten einiger Wildpferde ähnlicher Rassen zugeführt wie Koniks, Exmoor Ponys, Huzulen, Pyrenäenpferde.

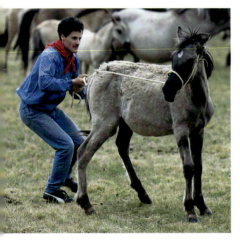

Auf einem Gebiet von 350 ha leben heute rund 300 Pferde im Merfelder Bruch, einem weitläufigen Wald-, Moor- und Heidegebiet westlich der Stadt Dülmen, ohne Zufütterung das ganze Jahr über im Freien. Lediglich bei Frost und Schnee werden sie an einigen Futterstellen mit Heu versorgt. Die Tiere haben keine Stallungen, im Winter suchen sie Schutz und Unterschlupf in den Wäldern. Eine Touristenattraktion ist jedes Jahr der Dülmener „Wildpferdefang". Traditionell seit 1907 werden am letzten Sonnabend im Mai die einjährigen Hengste eingefangen und anschließend versteigert. Die Stuten hingegen werden im Merfelder Bruch geboren und sterben dort.

Der Dülmener ist ein genügsames, ausdauerndes, kluges und langlebiges Freizeitpferd, das besonders bei Kindern und Jugendlichen beliebt ist und auch als Kutschpferd eine gute Figur macht.

Pferderassen von A bis Z

Einsiedler

Seinen Namen hat er von der Benediktiner-Abtei Einsiedeln in der Schweiz, wo bereits im Jahre 1064 von einem Gestüt berichtet wird. Damals wurde der Einsiedler (Stockmaß 156 bis 165 cm) nur für den Eigenbedarf der reisenden Mönche gezüchtet. Erst im 16. Jahrhundert wurden viele „Mönchspferde" exportiert, vor allem nach Italien.

Im Zuge der Französischen Revolution gingen Ende des 18. Jahrhunderts fast alle Pferde als Beute nach Frankreich.

Erst als 1866 der Yorkshire-Hengst „Bracken" sowie 1883 und 1885 die Anglo-Normänner-Hengste „Corall" und „Egalité" gekauft wurden, nahm die Zucht einen neuen Aufschwung.

Anfang des 20. Jahrhunderts wurde schließlich englisches Hackney-Blut zugeführt. Von besonderer Bedeutung war hier der Hengst „Thirtleby-Saxonia". Der Einsiedler bildete die Grundlage für das Schweizer Warmblut, von dem es heute nicht mehr zu unterscheiden ist.

Englisches Vollblut

Ihren Ursprung hat diese edle Rasse in der Renn- und Wettleidenschaft der Engländer. Die Beliebtheit des Sports ließ im 18. Jahrhundert eine neue Klasse von Pferden entstehen. Während anfangs nur die einheimischen Pferde gegeneinander angetreten waren, wurden die schnellsten einheimischen Stuten mit importierten orientalischen Hengsten verpaart. Die Pferde wurden schneller, größer und eleganter. Dennoch gab es noch keine einheitliche Rasse.

Englisches Vollblut

Die Stammväter des Englischen Vollbluts kamen erst ein halbes Jahrhundert später ins Land: die drei legendären Hengste „Darley Arabian", „Byerley Turk" und „Godolphin Arabian". Zusammen mit etwa 50 Stuten bildeten diese drei Hengste den Grundstock der Rasse und wurden zu sogenannten „Stempelhengsten". Sie sind die Vorfahren von 80 % aller heutigen Vollblüter.

Als Englische Vollblüter dürfen nur diejenigen Pferde bezeichnet werden, deren mütterliche und väterliche Ahnenreihe in dem 1793 in England ausgegebenen „General Stud Book" („Allgemeines Gestütsbuch") aufgeführt ist.

Wesentliches Auswahlkriterium bei der Zucht ist die Geschwindigkeit. Es werden nur Pferde als Vererber zugelassen, welche die vorgeschriebenen Rennen unter schwersten Anforderungen erfolgreich bestritten haben. Während Arabische Vollblüter Spezialisten auf Langstrecken sind, erreicht das Englische Vollblut auf Kurzstrecken ein Tempo um die 70 km/h und ist damit das schnellste Pferd der Welt.

Im Laufe seiner Geschichte hat es zur Veredelung fast aller anderen Pferderassen beigetragen. Der Schwerpunkt der Pferdezucht liegt zwar immer noch in Großbritannien, Englische Vollblüter werden heute aber auf der ganzen Welt gezogen.

Die intelligenten, zähen, ausdauernden und mutigen Pferde sind allerdings sehr temperamentvoll und sensibel und nicht für jeden Reiter geeignet.

Pferderassen von A bis Z

Europäischer Standard Traber

Die Geschichte der Trabrennen beginnt in der zweiten Hälfte des 19. Jahrhunderts. Die Grundlage für die erste deutsche Traber-Zuchtstätte wurde dabei 1885 mit der Gründung des Gestüts „Mariahall" gelegt.

Russische Orlow-Traber wurden mit den schnellen amerikanischen Trabern (American Standardbreds) und später auch mit französischen Trabern, die als gute Steher bekannt waren, gekreuzt. 1927 wurde ein Register für die Traber eingeführt, und seit dem Zweiten Weltkrieg wird diese Rasse einheitlich in verschiedenen Ländern Europas weiterentwickelt.

Berühmte Traber aus deutscher Zucht sind „Epilog", „Permit" und „Simmerl". Durch Ausgleichsrennen über verschieden lange Distanzen wird der Leistungsstand nach Alter und Gewinnsumme festgestellt. Durch amerikanische Blutauffrischung gelangten auch Passgänger in die europäische Zucht. Daher zeigen die Europäischen Standard Traber (Stockmaß 145 bis 170 cm) vielfach auch die Veranlagung zu Pass und Tölt.

Exmoor Pony

Wie sein Name schon sagt, ist dieses Pony (Stockmaß 115 bis 122 cm) in den Heidegebieten von Exmoor zu Hause. Fast hätte dieses Pferd, das Jahrtausende unbeschadet überlebt hat, den Zweiten Weltkrieg nicht überstanden. Weil Fleisch knapp war, wurde es nämlich von Wilderern unerbittlich gejagt. Ganze 50 Tiere überlebten das Massaker.

Heute gibt es wieder rund 800 Tiere dieser geschichtsträchtigen Rasse. Doch nurmehr 200 Tiere leben in mehreren Herden in der grenzenlosen Freiheit des Nationalparks.

Während das Exmoor Pony früher von den Bauern meist als Trag- und Zugtier verwendet wurde, wird es heute von Erwachsenen gerne auf Moor-Jagden geritten, wo es selbst mit großen Pferden Schritt hält.

Falabella

Das Falabella ist mit seinen maximal 76 cm Stockmaß das kleinste Pferd der Welt. Obwohl dieses Pferdchen erst vor rund 100 Jahren auf der Ranch Recreo de Roca der Familie Falabella in Argentinien entstanden ist, weiß man sehr wenig über seine Geschichte. Der Großvater soll damals auf seinem Land in der Nähe von Buenos Aires ein Vollblutpferd von zwergenhaftem Wuchs gefunden haben. Er behielt das Tier für seine Tochter und züchtete mit kleinen Stuten verschiedener Rassen weiter.

Das Gen für die Kleinwüchsigkeit vererbte sich. Die Fohlen blieben kleiner als ihre Mütter. Im Laufe der Zeit wurden immer wieder die kleinsten Shetlands eingekreuzt. Die Falabellas sehen nicht wie Ponys, sondern wie Pferde im Miniformat aus. Da es durch die Verminderung der Größe auch an Kraft verloren hat, kann es nicht mehr geritten werden. In Nordamerika wird es vor allem als Haustier und als Wagenpony gehalten. Erstaunlicherweise dauert die Trächtigkeit bei diesen „Spielzeugpferdchen" zwei Monate länger als bei „normalen" Pferden. Außerdem haben sie zwei Rippenbögen und zwei Wirbel weniger. So klein diese Minis sind, so teuer sind sie auch. Für besonders kleine Exemplare werden in den USA bis zu 15.000 Euro bezahlt.

Fell Pony

Wie sein Verwandter, das Dales Pony, wurde dieses seit über 200 Jahren in der Gegend von Cumberland beheimatete Pferd (Stockmaß bis 142 cm) in der Landwirtschaft und zum Bleitransport von den Bergen zur Küste eingesetzt. Sein Ursprung soll aber bereits beim Keltischen Pony liegen.

Seit 1898 das Stutbuch aufgelegt und im Jahre 1900 die „Fell Pony Society" gegründet wurde, ist kein Fremdblut mehr zugeführt worden. Das kräftige und drahtige Kleinpferd ist ziemlich temperamentvoll, zeigt fördernde Bewegungen und sehr gutes Springtalent. Es ist ein ausdauerndes und angenehmes Reit- und Fahrpony und wird vor allem auch sehr gerne im Therapiereiten eingesetzt.

Finnpferd

In Finnland war die Leistung eines Pferdes schon immer wichtiger als sein Aussehen oder seine Abstammung.

Das Finnpferd (Stockmaß um 157 cm) gilt als der schnellste Kaltblüter der Welt. Seit 1907 zunächst als schweres Arbeitspferd gezüchtet, geht der Trend seit geraumer Zeit immer mehr in Richtung Allround-Talent.

So findet man heute drei verschiedene Typen des Finnpferdes, die nach Körpermaßen und Stämmigkeit variieren. Der eine wird vor allem in der Forstwirtschaft zum Transport von Bäumen eingesetzt.

Der zweite erreicht, bei Trabrennen vor den Sulky gespannt, erstaunliche Geschwindigkeiten.

Der dritte Typus findet als ruhiges und angenehmes Reitpferd vor allem bei Reitanfängern zahlreiche Anhänger. Die robusten und zähen Pferde sind ausgesprochen friedfertig, ausdauernd und gutmütig.

Fjordpferd

Wie die Isländer sind auch die Fjordpferde (Stockmaß bis 142 cm) alles andere als Mimosen. Sie lieben das Leben in Freiheit und trotzen Wind und Wetter. Da ihnen im Winter ein regelrechtes „Bärenfell" wächst, können sie das ganze Jahr über auf der Weide bleiben.

Wie alle Ponys gehört es zu den Spätentwicklern und ist erst mit sechs Jahren ausgewachsen. Dann aber ist es für jeden Reiter fast eine Lebensversicherung. Sanft und geduldig verzeiht es sogar einem Anfänger seine Reitfehler. Für Kinder ist das Fjordpferd ein treuer Freund, und auch Therapeuten schätzen den gutmütigen Norweger wegen seines lieben Charakters bei der Arbeit mit kranken und behinderten Menschen. Freizeitreiter geraten ins Schwärmen, wenn sie von seiner Zähigkeit und Trittsicherheit sprechen, und auch die Sprungkraft der Robustrasse kann sich sehen lassen.

Französischer Traber

Da in Frankreich Trabrennen nicht nur vor dem Sulky, sondern auch unter dem Sattel gelaufen werden, wurde der Französische Traber (Stockmaß 165 bis 170 cm) größer gezüchtet als die amerikanischen.

Einstiger Stammvater der Rasse ist der Norfolk Trotter „Young Rattler", der Anfang des 19. Jahrhunderts nach der Kontinentalsperre in Frankreich eingeführt und mit heimischen Normänner-Stuten gekreuzt wurde. Später kam dann noch Englisches Vollblut hinzu. 1836 fand in Cherbourg das erste Trabrennen statt, weil man die besten Zuchtpferde ermitteln wollte. Bald wurde diese Sportart, die im Einspänner und im Tandem gefahren wurde, so beliebt, dass sie sich sehr schnell über ganz Frankreich verbreitete.

Der heutige Französische Traber entstand durch erneute Einkreuzung von Norfolk Trottern, Amerikanischem Standardbred und Orlow-Trabern. Seit 1937 wird die Rasse rein gezüchtet. Das zähe und leistungswillige Pferd ist dem Amerikanischen Standardbred an Stehvermögen überlegen, erreicht aber nicht ganz dessen Leistung im Speed.

Pferderassen von A bis Z

Frederiksborger

Dieses äußerst gehfreudige und freundliche Pferd ist die älteste dänische Pferderasse. Der Frederiksborger (Stockmaß 155 bis 165 cm) entstand in dem 1562 von König Frederik II. auf Schloss Frederiksborg gegründeten Gestüt. Auf der Basis andalusischer und neapolitanischer Pferde wurde im 17. und 18. Jahrhundert eines der begehrtesten Pferde für die Prunk- und Paradezeremonien an den europäischen Königshöfen geschaffen. Der Frederiksborger glänzte nicht nur in der Hohen Schule, sondern auch als Karossier.

Unter Christian IV. von Dänemark kreuzte man die Rasse vielfach mit Hengsten aus der Türkei, Polen, Marokko, England, Ägypten und Friesland, weil ausgefallene Farben gerade in Mode kamen. Durch die wahllose Blutzufuhr und den starken Export ging die Qualität der Rasse im 19. Jahrhundert erschreckend zurück. 1871 wurde das berühmte Gestüt aufgelöst. Auf privater Basis versuchte man, die einstmals so berühmte Rasse zu erhalten.

Heute wird der Frederiksborger, der mit seinen Ahnen nurmehr wenig gemein hat, vor allem auf der dänischen Insel Seeland gezüchtet. Er ist ein angenehmes Wagenpferd und ein vielseitiges Reitpferd mit guter Springbegabung.

Freiberger

Vermutlich entstand er aus einer Kreuzung von Norikern und Orientalen, denen man später Ardenner zuführte. Auf den Bergbauernhöfen des Schweizer Jura zu Hause, wurde das zuverlässige, leistungsfähige, bewegliche und nicht zu schwere Zugpferd (Stockmaß 150 bis 162 cm) später nicht nur in der Schweiz, sondern auch in Frankreich lange als Postkutschenpferd eingesetzt.

Heute wird das charakterstarke, freundliche Pferd bei Manövern in unwegsamen Gegenden genauso eingesetzt wie als Reit- und Fahrpferd für die ganze Familie.

riese

Knochenfunde belegen, dass es schon vor 3000 Jahren prähistorische, kaltblütige Pferde in Friesland gab. Der Friese (Stockmaß 155 bis 168 cm) soll, so vermuten die Experten, direkt auf sie zurückgehen. Erstmals die Rede ist von diesem kräftigen und sanftmütigen Pferd aber erst im 16. Jahrhundert, als man mit der spanischen Streitmacht auch iberisches und orientalisches Blut mitbrachte. Damals machte das entlang der Nordseeküste gezüchtete Pferd vor allem mit seinem Talent zur klassischen Dressur Furore, wohl ein Erbe der Liaison mit andalusischen Hengsten. Als man im 17. Jahrhundert in den Niederlanden Traber für Rennen züchtete, war der Friesische „Harddraver" (Schnelltraber) maßgeblich an der Entwicklung des bekannten Orlow-Trabers beteiligt.

Dann aber wurde es still um die einstmals gefeierte Rasse, welche die Friesen heute als wichtigen Teil ihrer Kultur betrachten. Der Bestand an „schwarzen Perlen" ging bedrohlich zurück. Als es 1913 im ganzen Land nurmehr drei Beschäler gab und die Rasse auszusterben drohte, wurde auf Initiative friesischer Bauern und Züchter der Verein „Het Friesche Paard" gegründet. Man legte ein

Pferderassen von A bis Z

neues Stutbuch auf und begann mit Hilfe des verwandten Oldenburgers mit der Neuzucht. 1954 übernahm Königin Juliana der Niederlande das Patronat über die Genossenschaft. Seither trägt der Friese das Prädikat „königlich".

Heute findet der Friese, der vor allem durch schöne, hohe Trabaktionen und weiche, raumgreifende Gänge besticht, unzählige Freunde bei Freizeitreitern und Fahrern.

Furioso Northstar

Seine beiden Stammväter gaben diesem Pferd den Namen. Der Furioso Northstar geht auf die Englischen Vollbluthengste „Furioso" und „Northstar" zurück, die 1841 und 1852 als Beschäler in das ungarische Staatsgestüt Mezöhegyes kamen.

Zunächst entstanden zwei verschiedene Hengstlinien, die Furioso-Linie durch Kreuzung mit Englischem Vollblut, Araber und ungarischen Stuten, die Northstar-Linie aus Englischem Vollblut und ungarischen Stuten. 1885 wurden die beiden Linien vermischt, sodass man heute nur noch vom Furioso Northstar spricht.

Zunächst als Kavalleriepferd verwendet, ist der Furioso Northstar durch Blutzuführung von Hannoveranern und Holsteinern heute ein gelehriges und ausdauerndes Sportpferd mit raumgreifenden Bewegungen in allen drei Gangarten. Er hat nicht nur hervorragende Anlagen zum Dressur-, Spring- und Militarypferd, sondern macht sich auch gut im Geschirr und auf Jagden. Es gibt mittlerweile auch Gestüte in Österreich und Deutschland.

Pferderassen von A bis Z

Gelderländer

Dieser kräftige, nicht sehr edle Warmblüter (Stockmaß 155 bis 163 cm) geht vermutlich auf Andalusier und Neapolitaner zurück, die während der Habsburger Herrschaft in die Niederlande kamen.

In der Provinz Gelderland wurde er dann später vor allem mit Hengsten aus Oldenburg, Ostfriesland und mit Hackneys gekreuzt.

Einen besonderen Einfluss nahm der Holsteiner Hengst „Domberg".

Der Gelderländer ist ein ausgezeichnetes Kutschpferd, leistet aber auch gute Dienste als Zug- und Arbeitstier.

Seit Mitte der 1950er-Jahre wurde er vermehrt mit Englischen Vollblütern, Holsteinern, Trakehnern und Anglo-Normännern veredelt und gibt ein gutes Reitpferd mit ausgeprägtem Springtalent ab.

Groninger

Dieser schwere Warmblüter (Stockmaß 165 bis 170cm) wurde vor allem in der holländischen Provinz Groningen lange für den Einsatz in der Landwirtschaft und als Kutschpferd gezüchtet. Da der Bedarf mit zunehmender Motorisierung ständig zurückging, bildete sich daneben durch die Blutauffrischung mit Vollblütern und Halbblütern aus Frankreich und Deutschland ein leichterer Pferdetyp heraus.

Der Groninger ist heute vor allem ein kräftiges, leistungsfähiges und vielseitiges Reitpferd, das auch mit schwereren Reitern keine Probleme hat. Er zeigt besonders im Trab schwungvolle, raumgreifende Bewegungen.

Hackney

Warum dieses edle Pferd (Stockmaß 155 bis 160 cm) zu seinem abfälligen Namen kam, ist bis heute nicht geklärt. Hackney wurde abgeleitet vom anglonormannischen „Haquenai", einer Bezeichnung, die man im Mittelalter den Reittieren der niedrigsten Gesellschaftsschichten gab.

Der meist auffällig gezeichnete Hackney geht auf den Norfolk Trotter zurück. Dieses aus der Kreuzung von bodenständigen Stuten mit Englischen-Vollblut-Hengsten entstandene Pferd war im 18. Jahrhundert einer der beliebtesten Traber. Heute ist der Norfolk Trotter ausgestorben.

Die Blütezeit der Hackneys begann Anfang des 19. Jahrhunderts, wo sie als elegante Wagenpferde Reisende schnell und sicher transportierten. Die Einführung der Eisenbahn beendete jedoch erst einmal die Karriere der stolzen Pferde.

Pferderassen von A bis Z

Fast schon von der Bildfläche verschwunden, wird der Hackney heute in aller Welt als Attraktion bei Pferde-Schauen und Vorführungen gehandelt.

Der temperamentvolle Hackney hat einen federnden Schritt. Im Trab zeigt er eine extrem hohe Knieaktion, wobei die Hufe in einer Aufsehen erregenden, runden Bewegung nach vorn geworfen werden. In voller Aktion scheinen diese energischen Pferde beinahe über den Boden zu schweben.

Aus dem Hackney entwickelte sich Ende des 19. Jahrhunderts mit Hilfe der Fell und Welsh Ponys das Hackney Pony.

Haflinger

Wann genau der „kleine Blonde" im Gebiet des Salten-Möldenplateaus im Etschtal entstanden ist, lässt sich heute nicht mehr genau sagen. Aber schon zur Römerzeit gab es in Südtirol kleine Saumpferde, die heute als seine Vorfahren gelten. Diese Stammrasse wurde vermutlich mit norischem Kaltblut aus dem Norden und orientalischen Hengsten aus dem Süden gekreuzt. Sicher ist, dass es bereits 1282 die ersten Tiere gab. Den Namen „Haflinger" aber bekamen sie erst um die Jahrhundertwende durch den Ort Hafling bei Meran. Als Stammvater der modernen Haflingerzucht gilt der hellbraune Halbbluthengst „Folie". Sein Vater „El Bedavi XXII", ein Araberhengst, stammte aus dem k. und k. Gestüt Radautz; seine Mutter war eine Stute des Tiroler Bauern Folie aus dem Vintschgau.

Als 1919 Südtirol an Italien fiel, begann man im Staatsgestüt Piber in der Steiermark und auf dem Staatsfohlenhof bei Ossiach in Kärnten mit eigenen Zuchten. Heute werden Haflinger auf der ganzen Welt geliebt. Sogar die Queen züchtet in England Haflinger, und Prinz Philipp tritt mit Gespannen bei Fahrturnieren an. Auch in den Gebirgsländern Asiens werden Haflinger gehalten und zur Verbesserung einheimischer Pferderassen eingekreuzt. Weil sich die kräftigen Pferde selbst auf 4000 m Höhe bewährt haben, läuft im Himalaya-Staat Bhutan ein Kreuzungsprogramm zwischen Haflingern und den einheimischen Tibet-Ponys. Aber auch in den USA, Australien und Südafrika schleppen die freundlichen Kleinpferde Gepäck und Beute von Wanderern und Jägern. Denn eine seiner hervorragendsten Eigenschaften ist seine Geländegängigkeit und Trittsicherheit auf jedem Terrain, gepaart mit ausgeprägtem Arbeitswillen, Ehrgeiz und Genügsamkeit.

Pferderassen von A bis Z

Durch erneute Anpaarung von Araber-Vollblut-Hengsten (Arabo-Haflinger) wurde aus dem Arbeitspferd ein ideales Kinder- und Familienreitpferd. Aufgrund seiner Widerstandsfähigkeit kann der Haflinger sehr gut als Robustpferd auf der Koppel gehalten werden.

Hannoveraner

Der Hannoveraner (Stockmaß 162 bis 175 cm) ist eine der wichtigsten Rassen Deutschlands und wird von den besten Reitern in aller Welt geschätzt. Seine Zucht gehört zu den größten geschlossenen Warmblut-Zuchtgebieten auf der Erde. Die eleganten Pferde mit dem beeindruckenden Springvermögen gehen auf die berühmten hannoverschen „Weißgeborenen" zurück, die im Hofgestüt Memsen und später im Hofgestüt Herrenhausen gezüchtet wurden.

Die eigentliche Geschichte dieser Rasse aber beginnt auf dem Landgestüt Celle in Niedersachsen, das im Jahre 1735 von Georg II. gegründet wurde. Der Kurfürst hatte 1714 die englische Königin geheiratet, Hannover wurde somit Mitglied des Britischen Empires. Für die Pferdezucht, die mit 14 Holsteiner-Rappen begonnen hatte, bedeutete dies sehr früh die Einkreuzung englischer Voll- und Halbblut-Pferde. Später wurden auch Hengste aus Mecklenburg und Pommern als Beschäler eingesetzt.

Erst als sich die Landwirtschaft zunehmend auf Motorisierung umstellte, wurden gute Wirtschafts- und Kavalleriepferde überflüssig. Mit Hilfe von Vollblut- und Trakehner-Hengsten, etwa den berühmten Hengsten „Semper idem" und „Abglanz", aber gelang nach dem Zweiten Weltkrieg sehr schnell die Umstellung auf die Zucht eines modernen Reit- und Springpferdes. Im Laufe der Generationen wurde in ständigem Kontakt mit dem Menschen ein leistungsbereites, vielseitig einsetzbares Pferd geschaffen, das sich auch hervorragend zur Robusthaltung eignet.

Pferderassen von A bis Z

Hannoveraner

Als Hannoveraner gelten nur Pferde, die beim Verband eingetragen sind und den Hannoverschen Brand tragen. Als Auswahlkriterien für die Muttertiere stehen heute Rittigkeit, Charakter und Temperament an erster Stelle.

Jedes Jahr werden mehr als 1500 junge Stuten unter einem Reiter vorgestellt, um Informationen über die Reiteigenschaften der Mütter zu erhalten. Auch in der Hengstleistungsprüfung, dem berühmten 100-Tage-Test, wird auf gute Rittigkeit sehr viel Wert gelegt.

Hessisches Warmblut

Die wohl bekannteste Stute der Nachkriegszeit aus hessischer Zucht wurde auf dem Hof Vierling in Darmstadt geboren – die „Wunderstute Halla", die ihren Reiter Hans Günther Winkler von Medaille zu Medaille trug. Danach wurde es wieder still um die Pferde aus Hessen, bis 1962 Landstallmeister Holzrichter das Landgestüt Dillenburg übernahm.

Die Trendwende zum modernen Sportpferd erfolgte durch Blutauffrischung mit Vollblütern, Hannoveranern, Westfalen und Holsteinern. Trotz begrenzter Mittel schaffte es dieser kleine Zuchtverband, ein edles, großrahmiges Reitpferd (Stockmaß 165 bis 175 cm) zu schaffen, das vielseitig und auf „höchster Ebene" einzusetzen ist.

Highland Pony

In Deutschland ist das Highland Pony bisher nur „Insidern" ein Begriff. Dabei ist dieses trittsichere und langlebige Pferd aus dem kargen schottischen Hochland eine der ältesten Ponyrassen Europas. Seine Geschichte ist eng verknüpft mit den Kelten, die bereits um 800 v. Chr. Pferde züchteten und diese seit dem 5. Jahrhundert v. Chr. auf ihren Eroberungszügen nach England mitnahmen. Sein Ursprung aber liegt noch weit davor. Einige Experten vermuten im Highland Pony aufgrund von Haaranalysen sogar einen direkten Nachfahren der eiszeitlichen Urponys.

Seit jeher werden die leichtfuttrigen und wetterfesten Pferde in ihrer Heimat sowohl zum Reiten und Ziehen der Torfschlitten als auch zum Pflügen und als Helfer bei der Jagd in den Highlands eingesetzt. Die kräftigen Tiere tragen auf ihrem Rücken mühelos einen Hirsch, und wenn es sein muss auch zwei oder drei, aus den Bergen ins Tal.

Mit der Anlage eines Zuchtbuches im Jahre 1889 begann ein neues Kapitel in der Geschichte dieser bemerkenswerten Rasse. Die „modernen" Highland Ponys sind zu begehrten Freizeitpferden geworden, die nicht nur gutes Galoppiervermögen, sondern auch eine große Springbegabung an den Tag legen.

Pferderassen von A bis Z

Trotz seiner vielen Vorteile ist das Highland Pony nicht für jeden geeignet. Aufgrund seiner Intelligenz, Lernfähigkeit und starken Menschenbezogenheit braucht es einen Partner, der mit dieser selbstständigen und anspruchsvollen Art umzugehen weiß. Hat man aber die Zuneigung dieser Tiere einmal gewonnen, ist der „Highlander" ein Pferd, „unter das man sich bei Regen setzen kann": Fit for all seasons.

Holsteiner

Der Holsteiner (Stockmaß 160 bis 172 cm), dessen Geschichte bis ins 13. Jahrhundert zurückreicht, ist eine der ältesten Pferderassen Deutschlands. Das alte, schwere Marschpferd, ein mittelalterliches Kriegsross, wurde mit dem Aufblühen der Klöster und der Reformation mit Orientalen, Neapolitanern und Spaniern aufgefrischt. Bereits im 16. Jahrhundert war das großrahmige Pferd mit dem typischen Ramskopf überall bekannt; Gestüte in Spanien, Italien, Frankreich und Dänemark erstanden Holsteiner. Celle, Dillenburg oder Cordoba begründeten ihre Gestüte mit Hengsten dieser Zucht.

Nach den Napoleonischen Kriegen kam auch für die Holsteiner eine schwere Zeit. Der Herzog von Augustenburg importierte allerdings einige gute Vollbluthengste aus England, und später kamen weitere Yorkshire-Beschäler hinzu. Besonders „Burlington Turk 81", „Brillant 448" und „Owstwick 254" waren hier von Bedeutung. Nach dem deutsch-französischen Krieg wurde das Gestüt Traventhal bei Segeberg gegründet, 1891 schlossen sich die Züchter zu einem Verband zusammen. Heute ist der Holsteiner ein aufmerksames, nervenstarkes, williges Allround-Talent. Die legendäre „Tora", die bei der Olympiade 1936 Gold holte, war ebenso ein Holsteiner wie Fritz Thiedemanns berühmter „Meteor".

Pferderassen von A bis Z

Huzule

Seit Hunderten von Jahren hat sich der Huzule (Stockmaß 127 bis 137 cm) im Kleinpferdetyp erhalten. Experten vermuten, dass dieses aus der Huzulei in den Karpaten stammende Kleinpferd ein Nachkomme des Tarpans ist. So zeigt er beispielsweise den typischen langen, breiten Kopf des urtümlichen Wildpferdes.

Im 19. Jahrhundert wurde sehr wahrscheinlich Araberblut zugeführt. Im ehemaligen k.-und-k.-Gestüt Radautz züchtete man diese wetter- und trittfeste Rasse, die außerdem sehr genügsam und von großer Ausdauer ist, als Tragtier für die Gebirgstruppen.

Er wird heute noch auf den Bauernhöfen der Karpaten als williges Pack- und Saumtier sowie zum Abtransport von Baumstämmen verwendet. Größere Ponys werden auch geritten. Die gutmütigen Kleinpferde mit dem ruhigen Gemüt eignen sich außerdem sehr gut als Kinderreitponys.

Pferderassen von A bis Z

Irish Draught

Diese alte irische Rasse hat sich vermutlich aus Connemara-Ponys, spanischen Pferden und altenglischem Warmblut entwickelt. Es entstand ein außergewöhnlich vielseitiges Pferd (Stockmaß 153 bis 173 cm), das sowohl vor dem Pflug als auch vor der Kutsche ein gutes Bild abgab und bei der Jagd auch noch zu reiten war.

Beinahe wäre der Irish Draught durch große Verluste im Ersten Weltkrieg und später dann durch den Export zu Schlachtzwecken ausgerottet worden. Glücklicherweise wurde diese Entwicklung 1965 durch das Landwirtschaftsministerium gestoppt.

Heute kümmert sich die „Irish Horse Breeder's Society" um den Fortbestand. Da der Irish Draught ein großes Springtalent besitzt, ergibt die Kreuzung mit edlen Warmblütern oder Vollblütern ausgezeichnete Jagd- und Springpferde, wie beispielsweise den Irish Hunter.

Irish Hunter

Pferdefreunde schätzen ihn als vielleicht bestes Gelände- und Springpferd der Welt. Dennoch gibt es ihn offiziell gar nicht. Denn der Irish Hunter (Stockmaß 162 bis 175 cm), zu deutsch „Irisches Jagdpferd", ist eigentlich keine eigenständige Rasse, sondern nur ein Typ. Dieser Typ Pferd, so heißt es, wird „von irischen Bauern in wilden, unkontrollierten Kreuzungen produziert". In der Regel aber wird der Irish Hunter aus Vollblut-Hengsten und Irish-Draught-Stuten oder Cleveland-Bay-Stuten gezogen. Da er seit 300 Jahren nie auf Schönheit, sondern immer nur auf seine Einsatzfähigkeit als Jagd- und Springpferd gezüchtet wurde, gibt es drei Typen: den schweren Hunter (Reiter bis 95 kg Gewicht), den mittleren Hunter (Reiter bis 82 kg) und den leichten Hunter (Reiter bis 75 kg).

Isländer

Eine fast 1000-jährige, absolute Reinzucht und die harten Lebensbedingungen der Insel Island ließen eine der widerstandsfähigsten Pferderassen überhaupt entstehen. Jahrhundertelang waren die kräftigen und anspruchslosen Tiere auf dieser kargen, vulkanischen Insel im Nordatlantik als Pack- und Reittiere unersetzlich. Nicht zuletzt durch ihre besondere Fähigkeit, auch über lange Entfernungen ganz alleine den Weg nach Hause zurück zu finden. Als reinblütige Isländer gelten heute Pferde, deren Vater- und Mutterlinie unmittelbar bis in das Mutterland Island zurückverfolgt werden kann.

Neben den normalen Pferdegangarten Schritt, Trab und Galopp beherrschen sie noch den Tölt und viele zusätzlich den Pass. Während der Tölt angeboren ist, wird der Pass nicht von allen Isländern beherrscht. Schon die alten Germanen reisten mit ihren Töltern äußerst bequem durch die Lande. Im Gegensatz zu trabenden Pferden können sie sogar Sänften tragen. Beim Pass bewegen sich beide Beine einer Pferdeseite gleichzeitig. Normalerweise wird der Pass nur im Renntempo geritten, das Pferd scheint förmlich zu fliegen. Die Islandpferde erreichen dabei eine Geschwindigkeit, die einem gestreckten Galopp in nichts nachsteht. Der Tölt ist ein Viertakt ohne Schwebephase. Für einen kurzen Augenblick wird dabei jeweils das Gewicht von Pferd und Reiter von nur einem Huf getragen. Bei stolzer Haltung geht das Pferd nahezu erschütterungsfrei, was für den Reiter ausgesprochen bequem ist und Reiten über lange Strecken ermöglicht.

Pferderassen von A bis Z

Die durchschnittlich nur 135 cm großen Tiere sind anpassungsfähig, ausdauernd, temperamentvoll und selbstbewusst, aber dennoch gutmütig, geduldig und vor allem kinderlieb – kurz gesagt, sie stellen geradezu die idealen Familien- und Freizeitpferde dar.

Jütländer

Seine Heimat ist die dänische Halbinsel Jütland. Diese sehr alte Rasse (Stockmaß 155 bis 160 cm) wurde bereits im Mittelalter als Kriegspferd geschätzt. Ähnliche Typen wurden in Norddeutschland und Holland gezüchtet, und auch Pferde, welche die Wikinger nach England mitbrachten, waren in etwa vom gleichen Typ.

Vermutlich haben die Gestüte schon sehr früh die Hengste untereinander ausgetauscht, um kräftige Pferde für ihre Ritter zu züchten. Seit dem 19. Jahrhundert waren vor allem Cleveland Bays, Yorkshire Coach Horses und Suffolk Punches für die Weiterentwicklung des Jütländers von Bedeutung. Die besten Pferde stammen von dem 1859 geborenen Hengst „Oppenheim", der vermutlich englisches Shire- und Suffolk-Blut führte. Als Begründer der Rasse aber gilt „Aldrup Munkedal" (geb. 1893). Die Jütländer haben auch auf die Zucht anderer schwerer Rassen eingewirkt. Die kräftigen, ausdauernden Zugpferde sind von ausgeglichener und gutmütiger Wesensart.

Karabagh

Dieses ziemlich kleine, feurige Warmblutpferd (Stockmaß 145 bis 156 cm) wird seit beinahe 2000 Jahren im Kaukasus gezüchtet.

Araber, Perser und Turkmenen sollen zu ihrer Entstehung beigetragen haben. Wie der Achal-Tekkiner fällt der goldfarbene Schimmer des prächtigen Fells sofort ins Auge.

Der Karabagh hat viel zur Veredelung anderer russischer Rassen wie beispielsweise des Don-Pferdes beigetragen. Das im 18. Jahrhundert in alle Welt exportierte, behände Reit- und Rennpferd ist im Westen nur selten zu sehen.

Kladruber

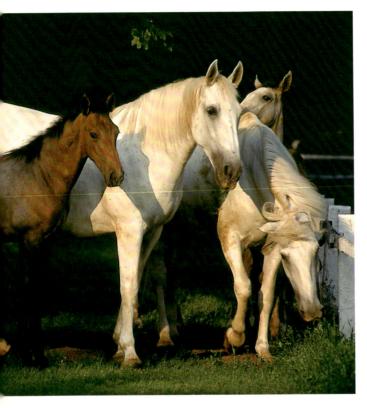

Die Grundlagen zur Zucht dieses erhabenen, barocken Reitpferdes (Stockmaß 160 bis 170 cm) legte Kaiser Maximilian II., der 1572 in Kladrub, östlich von Prag, auf der Basis andalusischer Pferde ein Gestüt gründete. Es sollte den Wiener Hof mit wertvollen Kutschpferden versorgen. Zur Generweiterung wurden später einige Neapolitaner und Hengste der verwandten Lipizzaner eingekreuzt.

Nach dem Zweiten Weltkrieg kamen noch Oldenburger, Anglo-Normänner und Hannoveraner hinzu. Den Kladruber gibt es in zwei Farben. Die Schimmellinie geht zurück auf die beiden Hengste „Pepoli" und „Generale". Sie wird weiterhin in Kladrub gezüchtet. Stammvater der Rappen-Linie, die im Gestüt Slatinany gezogen wird, ist der 1799 eingeführte Hengst „Sacramoso". Die spätreife, aber langlebige Rasse ist von feurigem Temperament und gutem Charakter. Die leider sehr selten gewordenen Kladruber sind gute Reitpferde und hervorragende Karossiers.

Knabstrupper

Die Stammmutter dieser auffällig gefleckten Pferderasse soll Anfang des 19. Jahrhunderts von einem spanischen Offizier nach Dänemark gebracht und dort an einen Schlachter verkauft worden sein. Dieser verkaufte die andalusische, stichelhaarige Fuchsstute jedoch an das Gut Knabstrup weiter, wo sie mit einem Frederiksborger Hengst verpaart wurde.

Später kreuzte man noch Englische Vollbluthengste ein, um Bewegungen und Ausdauer zu verbessern. Seither wird diese ausgesprochen vielseitige Rasse in einer kleinen Liebhaberzucht als „Nebenlinie" zum Frederiksborger weitergezüchtet. Er ist allerdings etwas leichter als dieser, hat ein ruhiges Temperament und ist sehr gelehrig.

Der vielseitige Knabstrupper eignet sich als Freizeitreitpferd genauso wie als Voltigier- und Kutschpferd und ist sogar fürs Westernreiten begabt. Aufgrund seiner aparten Tigerflecken und hohen Dressurbegabung wird er auch gerne als Zirkuspferd eingesetzt.

 Konik

Dieses zähe und genügsame Bauernpony ist ein Nachkomme des Tarpans, der einst in ganz Osteuropa verbreitet war. Deshalb haben auch verschiedene Zoos, unter anderem der Tierpark Hellabrunn in München, mit ihm Tarpan-Rückzuchtsversuche gemacht. Das wildpferdartige Kleinpferd, dessen Name soviel wie „Pferdchen" bedeutet, ist außergewöhnlich robust, gutmütig, langlebig und sehr fruchtbar.

Der Konik hat die meisten anderen polnischen und russischen Pferderassen beeinflusst. Für den Bauern im flachen Land ist er genauso wichtig wie der mit ihm verwandte Huzule für den Bergbauern.

Der Konik zeigt in allen drei Gangarten eifrige Bewegungen und ist auch als Kinderpony einsetzbar.

In Polen legt man sehr viel Wert auf die Reinzucht dieser urtümlichen Pferde, die frei in Herden gehalten werden. Der Konik ist vor allem in der Westernreiterei beliebt.

Pferderassen von A bis Z

Lipizzaner

Grundstock der ältesten gestütsmäßig gezogenen Pferderasse in Europa bildeten die Karstpferde des Gestüts Lipizza, die aufgrund ihrer Ausdauer, Kraft und Schnelligkeit schon im Altertum berühmt waren. Dazu holte man aus der norditalienischen Polesina einige Hengste, neun weitere Hengste und 24 Mutterstuten aus Spanien. Dazu kamen später mitunter auch Pferde des dänischen Hofgestüts Frederiksborg und des deutschen Gestüts Lippe-Bückeburg. Die edlen Andalusier Spaniens, die der 1735 in Wien gegründeten Spanischen Hofreitschule zu ihrem Ansehen verhalfen, aber wurden bis ins späte 18. Jahrhundert hinein immer wieder nach Lipizza geholt. Zu Beginn des 18. Jahrhunderts kreuzten die Experten nur ganz vorsichtig Araber ein, da der barocke Pferdetyp erhalten bleiben sollte. Bis heute gibt es im Gestüt Lipizza sechs Stämme.

Während der Lipizzaner (Stockmaß 155 bis 158 cm) heute fast ein Synonym für Schimmel ist, gab es diese Pferderasse bis ins 19. Jahrhundert hinein in allen Farben, erst später wurde der „Kaiserschimmel" Mode. Lipizzaner kommen schwarz oder braun zur Welt und erreichen erst mit etwa sieben bis zehn Jahren die begehrte Silberfarbe. Lipizzaner sind sensibler als andere Pferderassen, sagen

Pferderassen von A bis Z

die Kenner. Sie brauchen mehr Zeit zum Lernen, aber was sie einmal begriffen haben, können sie dafür umso besser. Der Lipizzaner hat alle Eigenschaften, die einen Reiter bei einem Pferd begeistern können. Er ist gutmütig und gehorsam, treu und anhänglich, gelehrig und intelligent, ausdauernd und genügsam und dennoch voller Temperament. Kein Wunder, dass er auch nach dem Untergang der k.-und-k.-Monarchie Karriere machte.

Lusitano

Neben dem Altér Real ist der Lusitano (Stockmaß 150 bis 165 cm) eine der ältesten Rassen Portugals.

Sein Ursprung liegt wie beim Andalusier in den alten iberischen Pferden. Als die europäischen Könige sich auf ihren „iberischen Streitrössern" porträtieren ließen, wurde noch nicht zwischen der „Pura Raza Española" und dem Lusitano unterschieden. Seinen Namen hat er von seinem Herkunftsgebiet Lusitanien, dem heutigen Portugal.

Dort wird er als Reit-, Kutsch- und leichtes Arbeitspferd eingesetzt, macht aber vor allem Furore im Stierkampf, der in Portugal zwar nicht ungefährlich, aber unblutig verläuft. Die Stierkämpfer, Rejoneadores genannt, kämpfen nur vom Pferd aus. Das Pferd, ausgebildet in der Hohen Schule, muss dabei großen Mut, Geschmeidigkeit und Schnelligkeit beweisen. Trotz seiner Vielseitigkeit war das intelligente und arbeitswillige Pferd nie Massenware.

Weltweit gibt es nur rund 20.000 Lusitanos. Die sehr menschenbezogene Rasse wird bei uns außer in der Klassischen Dressur auch als Freizeitpferd geritten, bei Distanzprüfungen und auf Jagden. Früher war die Zucht des Lusitano ausschließlich Sache des Adels, heute wird er meist auf Landgütern gehalten. In Portugal leben die eleganten, sanftmütigen Tiere das ganze Jahr frei auf der Weide, streng getrennt nach Stuten und Hengsten.

Pferderassen von A bis Z

Mangalarga Marchador

Der Mangalarga Marchador (Stockmaß 146 bis 154 cm) und der Mangalarga Paulista haben zwar einen gemeinsamen Ursprung, aber mittlerweile sehr unterschiedliche Entwicklungen durchgemacht. Am einfachsten unterscheidet man sie an der „Marcha". Mangalarga Marchadores gehen grundsätzlich Marcha, Paulistas nicht. Man unterscheidet zwischen Marcha batida (Trabtölt) und Marcha Picada, einem klaren Viertakt, den man bei uns als Tölt bezeichnet.

Der Mangalarga Marchador wurde vor etwa 100 Jahren in der Nähe von Rio de Janeiro aus einheimischen Stuten mit Andalusiern und einem portugiesischen Altér-Real-Hengst, einem Geschenk des Prinzregenten an Baron von Alfenas, gezüchtet. Dem Mangalarga Marchador sehr ähnlich ist eine weitere brasilianische Rasse, der Campolina. Die vor ebenfalls circa 100 Jahren von Cassiano Campolina begründete Rasse hat neben Warmblütern auch Friesen sowie ebenfalls einige schwere Kaltblüter als Vorfahren. Sie haben ein Stockmaß von etwa 160 cm und einen etwas schweren, groben Kopf. Vorherrschend ist die Falbfärbung mit dem charakteristischen Aalstrich.

Mecklenburger

Mit der Gründung des Friedrich-Wilhelm-Gestüts in Neustadt an der Dosse begann auch die Geschichte dieses edlen, mittelgroßen Warmblutpferdes (Stockmaß ca. 170 cm). Um ein vielseitiges Reit- und Fahrpferd zu züchten, das vor allem in der Kavallerie eingesetzt werden konnte, kreuzte man englische Halbbluthengste mit Stuten des ansässigen Landschlages. Zur Veredelung nahm man auch Achal-Tekkiner und Trakehner. Nach Gründung der DDR wurde Neustadt zum „Volkseigenen Gestüt", und es wurden Hannoveraner, Trakehner und Vollblüter mit eingekreuzt. Der Mecklenburger ist dem Hannoveraner sehr ähnlich und auch nah mit ihm verwandt, da man zur Festigung beider Rassen auf dieselben Blutlinien zurückgriff und miteinander austauschte. Er ist ein energisches, aber charakterlich einwandfreies Reitpferd mit viel Charme.

Mérens Pony

Das Mérens Pony ist ein halbwild lebendes, genügsames Gebirgspony, das zu den ältesten Ponyrassen Europas zählt. Dieses Pferd, das nur als Rappe vorkommt, stammt aus dem Ariège-Tal in den Pyrenäen zwischen Frankreich und Spanien. Früher wurden diese Kleinpferde hauptsächlich als Militär- und Arbeitspferde eingesetzt. Wegen ihrer Trittsicherheit waren sie auch bei Schmugglern als Tragetier zwischen den Ländergrenzen sehr begehrt. Heute finden sie überwiegend bei den Bergbauern in der Landwirtschaft Verwendung, sind aber auch angenehme Freizeitpferde.

Missouri Foxtrotting Horse

Die Spezialität dieser lebhaften, dennoch sanftmütigen Rasse ist der „Foxtrott". Dies ist eine gebrochene Gangart, bei der die Vorderbeine einen raumgreifenden Schritt gehen, die Hinterbeine aber traben. Für den Reiter ist diese, dem Tölt verwandte Schrittfolge, ausgesprochen angenehm und sicher. Die relativ kleinen, kompakten Pferde (Stockmaß 150 bis 165 cm) entstanden um 1820, als sich die ersten Siedler in den Ozark Bergen von Missouri ansiedelten.

Die intelligenten Pferde eignen sich hervorragend für Kinder und Anfänger, sind in Europa aber sehr selten. In den 1980er-Jahren entstand in Österreich eine Kreuzung aus einem Missouri-Foxtrotting-Hengst und verschiedenen töltenden Stuten der Österreichische Foxtrotter.

Morgan Horse

Nur wenige Rassen können ihren Ursprung auf nur einen Stammhengst zurückführen. Eine davon ist der Morgan (Stockmaß 145 bis 160 cm). Sein Urahn war der 1789 geborene Hengst „Figure", den man später nach seinem Besitzer „Justin Morgan" nannte. Er stammte vermutlich von einem holländischen Karossier ab, der mit einer sehr viel Araberblut tragenden Stute gekreuzt worden war. „Justin Morgan" war ein hervorragendes Reit- und Arbeitspferd und ein exzellenter Vererber.

Seine Nachkommen glichen ihm nicht nur in Erscheinungsbild, Charakter und in der Größe, sie waren auch genauso schnell wie er und eroberten die Rennbahnen Nordamerikas. Er selbst wechselte häufig den Besitzer, gewann Wettbewerbe im Gewichtziehen, in Wagen- und Galopprennen und arbeitete hart als Farmpferd. Der Morgan ist ein sehr robustes, ausdauerndes und treues Warmblutpferd mit energischen, allerdings nicht sehr raumgreifenden Gängen. Er hat andere amerikanische Rassen wie den Standardbred, das Saddlebred Horse und den Tennessee Walker nachdrücklich beeinflusst. Die berittene Polizei und die Ranger in den Nationalparks reiten mit Vorliebe diese sanftmütigen, leistungsfähigen Pferde.

Mustang

Der Mustang ist der Inbegriff des Indianer- und Cowboypferds. Als die ersten spanischen Siedler den „Wilden Westens" eroberten, brachten sie auch ihre Andalusier und Berber mit. In die Freiheit entkommene Tiere vermehrten sich allmählich zu riesigen Herden und lebten über 300 Jahre lang wild in der endlosen Weite Nordamerikas.

Die Indianer fingen die besten Pferde ein, um mit ihnen Bisons zu jagen. Die Cowboys jagten sie zu Tausenden, um sie für die Arbeit mit ihren Viehherden zu zähmen. Und die Kavallerie bildete sie für ihre Kriegszüge aus. Die Herden, die einstmals zu Hunderttausenden über die Prärie donnerten, schrumpften auf wenige tausend Exemplare zusammen.

Die letzten in Freiheit lebenden Mustangs sind äußerst scheu. Eine Gesellschaft bemüht sich darum, diese geschichtsträchtige Rasse zu erhalten.

New Forest Pony

Die „mutigen, kleinen Biester" sollen sich schon zu Zeiten des legendären Königs Artus im Gebiet zwischen Southampton und Dartmoor, bis hin nach Exmoor getummelt haben. Damals waren die New Forest Ponys (Stockmaß 138 bis 148 cm) noch deutlich kleiner als heute und vermutlich noch etwas wilder.

Erst die fortschreitende Zivilisation, die den Lebensraum der Tiere immer kleiner werden ließ, und die im 19. Jahrhundert beginnende gezielte Zucht brachten wirklich große Veränderungen ins Leben der kleinen Pferde. So ließ man zwischen 1852 und 1890 auch Araberhengste aus dem Stall von Queen Victoria im New Forest frei, um die Rasse zu veredeln. Zusätzlich mischten Englische Vollblüter und Hengste aus bodenständigen Rassen in der Zucht mit.

Im Jahr 1970 wurden die ersten New Forest Ponys von Züchtern nach Deutschland geholt. Die ausgesprochen geduldigen, ruhigen, zuverlässigen und gutmütigen Tiere fanden bei uns sehr schnell eine eingeschworene Fangemeinde. Sie bestechen durch ihren freundlichen Charakter.

Die leistungsbereiten und rittigen Kleinpferde zeigen raumgreifende Bewegungen und sind ebenso für Anfänger wie für sportliche Reiter geeignet. New Forest Ponys haben Dressur- und Springbegabung, sind aber auch zäh genug für Distanzritte und Distanzfahrten.

Pferderassen von A bis Z

Nonius

Stammvater und Namensgeber dieser ungarischen Rasse (Stockmaß 155 bis 165 cm) war der Anglo-Normannen-Hengst „Nonius", den ungarische Kavalleristen 1814 im französischen Gestüt Zweibrücken erbeuteten und nach Mezöhegyes brachten. Man paarte den Sohn einer Normänner-Stute und des englischen Halbbluthengstes mit ungarischen, türkischen, arabischen und Andalusier-Stuten, bis 1840 die Rasse entstand, die heute in zwei Typen weitergezüchtet wird. „Nonius" erwies sich als hervorragender Vererber.

Seine Nachkommen sind robust, arbeitsfreudig, ausdauernd und zuverlässig. Der Große Nonius, ursprünglich ein schwerer Karossier, der heute immer noch im Gestüt Mezöhegyes gezogen wird, ist ein schweres, aber elegantes Kutschpferd.

Der Kleine Nonius ist ein leichtes, gehfreudiges Vielzweckpferd von gutem Charakter und lebhaftem Temperament. Mit Vollblütern aufgefrischt ergibt er außerdem ein hervorragendes Springpferd.

Pferderassen von A bis Z

Noriker

Der Noriker (Stockmaß 160 bis 164 cm) ist eine uralte Rasse, die in der römischen Provinz Noricum (etwa heutiges Kärnten) entstand und ihr seinen Namen verdankt. Während der Renaissance begann die Kirche, sich für die Rasse zu engagieren, vor allem die Erzbischöfe von Salzburg widmeten sich der systematischen Zucht. Vom 17. bis 19. Jahrhundert wurden Andalusier, Neapolitaner, Belgier, Kladruber, Clydesdales, Normänner, Cleveland Bays, Oldenburger, Holsteiner und andere Rassen mehr eingekreuzt. Seit 1884 aber wird Reinzucht betrieben.

Die beiden norischen Schläge, der leichtere Oberländer und der schwerere Pinzgauer, benannt nach dem österreichischen Bezirk Pinzgau im Bundesland Salzburg, werden seit 1952 in Deutschland unter der Bezeichnung „Süddeutsches Kaltblut" zusammengefasst.

Da der Noriker lange im Gebirge gezüchtet wurde, hat er sich den Bedürfnissen auf steilem Gelände wie kaum ein anderes Pferd angepasst. Das ausgesprochen trittsichere Gebirgspferd ist hart und anspruchslos, von eher trägem Temperament und gutem Charakter.

Oldenburger

Graf Johann XVI. von Oldenburg war der erste, der Ende des 15. und Anfang des 16. Jahrhunderts den alten, friesischen Landschlag veredeln ließ. Zur Blutauffrischung wurden englische, dänische, neapolitanische und spanische Hengste eingeführt. Durch den Einfluss von Cleveland-Bay-, Hannoveraner- und Normänner-Hengsten entstand ein tiefes und schweres Pferd mit mächtigem Hals, das ausschließlich als Kutschpferd Verwendung fand. Nach 1919 stellte sich die Zucht auf schwere Wirtschaftspferde um, und Ende der 1950er-Jahre gelang mit Hilfe von Vollblütern wie „Adonis XX" und hannoverschen Hengsten die Umstellung auf ein Reitpferd.

Noch bis etwa 1970 schwerstes deutsches Warmblutpferd, ist der Oldenburger heute ein kräftiges, modernes Sportpferd (Stockmaß 160 bis 170 cm), das in allen Disziplinen des Reitsports weltweit erfolgreich ist.

Orlow-Traber

Die wohl bekannteste russische Pferderasse entstand, weil sich der Günstling von Zarin Katharina II. Graf Alexeij Grigoriewitsch Orlow für die weiten Strecken des riesigen Landes ein besonders schnelles Wagenpferd wünschte. Auf seinem Gestüt Ostrow in der Nähe von Moskau paarte er 1775 den Araberhengst „Smetanka" mit einer dänischen Frederiksborger-Stute. Der daraus entstandene Hengst „Polkan" wurde wiederum mit einer niederländischen Harddraverstute gekreuzt. Das Ergebnis „Bars I." wurde im Orlowschen Gestüt Chrenowoje für 17 Jahre Deckhengst und der Stammvater des Orlow-Trabers.

Bereits 1799 fand in Moskau das erste Trabrennen statt, 1834 wurde die erste Trabergesellschaft gegründet. Bald wurde der russische Orlow zum schnellsten Trabrennpferd der Welt. Die Kriegswirren und die Oktoberrevolution 1917 führten zum Niedergang der Zucht. Die Sowjetregierung versuchte zwar später, wieder den Anschluss zu finden, aber der Orlow-Traber kam nie wieder an seine früheren Erfolge heran. Seine Zeiten können sich mit denen des Amerikanischen Standardbreds nicht mehr messen.

Pferderassen von A bis Z

Paint Horse

Sein Ursprung liegt wie der des Quarter Horses in den südlichen Staaten der USA. Als Freizeitvergnügen veranstaltete man sonntags private Pferderennen und kreuzte daher einheimische Stuten mit arabischen und türkischen Pferden, Englischen Vollblütern und anderen schnellen Rassen.

Seit den 1950er-Jahren ist das Paint Horse eine eigenständige Rasse. Paint-Horse-Papiere bekommen nur Pferde, bei denen mindestens ein Elternteil selbst Paint-Horse-Papiere besitzt.

Kreuzungen mit Quarter Horses sind allerdings erlaubt.

Die zuverlässigen, ausdauernden und gelehrigen Pferde gehören wie das Quarter Horse und der Appaloosa zur Riege der Westernpferde. Auch bei uns finden die ruhigen und dennoch temperamentvollen Schecken immer mehr Anhänger.

Palomino

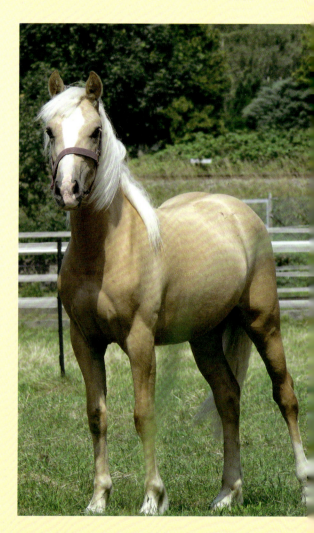

Die isabellfarbenen Pferde müssen den goldenen Schimmer einer neu geprägten Goldmünze haben, um vom Zuchtverband anerkannt zu werden. Mähne und Schweif sollen flachsfarben oder silberweiß, die Haut dunkel pigmentiert, die Augen dunkel sein.

Der Palomino ist streng genommen keine Rasse, sondern nur eine Farbbezeichnung. Da er nicht typgerecht gezüchtet wird, ist das Erscheinungsbild uneinheitlich.

Daher gibt es Quarter Horses, Morgans oder American Saddlebred Horses in der Palomino-Farbe.

Vermutlich wurden sie von den spanischen Eroberern in die USA mitgebracht. Viele dieser Pferde entkamen und wuchsen allmählich zu großen, wild lebenden Herden heran. Später waren die Cowboys so fasziniert von der „Sonnenfarbe" dieser Pferde, dass sie die schönsten Tiere einfingen und damit weiterzüchteten. 1932 wurde das erste Palomino-Stutbuch gegründet.

Paso Peruano

Bedingt durch die landschaftlichen Gegebenheiten war das Pferd in Peru über lange Zeit das einzige komfortable Transportmittel. Deshalb züchteten Edelleute und Großgrundbesitzer bereits vor 500 Jahren Pferde nach dem Grundsatz: „Die Fortbewegung zu Pferde soll so komfortabel und so repräsentativ wie möglich sein." Sie brauchten das Pferd zum Abreiten ihres Besitzes, zur Beaufsichtigung der Arbeiter, aber auch für Paraden und Fiestas. Deshalb sollte ein Pferd nicht nur stark, ausdauernd und so bequem wie möglich zu reiten sein, sondern auch dem spanisch geprägten Schönheitsideal des feurigen, edlen, eleganten Pferdes entsprechen.

Neben Arbeitseifer, Trittsicherheit, Ausdauer und Widerstandskraft sollte es einen weichen Gang mitbringen. Als Grundlage der Pferdezucht dienten daher die Pferde, welche die Spanier mit in die „Neue Welt" gebracht hatten, iberische Landpferde, Andalusier, Berber und spanische Genetten, die damals wegen ihrer bequemen Gangart sehr beliebt waren.

Das Ergebnis einer kontinuierlichen Zuchtauswahl war der Paso Peruano (Stockmaß ca. 150 cm), ein elegantes und dennoch kräftiges Pferd mit extrem starker Hinterhand und der Fähigkeit zu tölten. Experten unterscheiden zwischen dem Paso llano, einem langsamen, ganz klaren Viertakt, und dem schnelleren Sobrandando (Passtölt). Entscheidend für die Qualität des Ganges ist seine Weichheit. Der Reiter soll

Pferderassen von A bis Z

möglichst erschütterungsfrei im Sattel sitzen. Der Trab und auch der reine Pass sind beim gerittenen und ausgebildeten Pferd nicht erwünscht. Der Tölt ist beim Paso Peruano zu 100 % genetisch fixiert.

Percheron

Trotz seiner körperlichen Fülle wirkt der Percheron (Stockmaß 157 bis 170 cm) ausgesprochen elegant. Deshalb wird dieser alte Landschlag bisweilen sogar als „übergroßer Araber" bezeichnet. Tatsächlich hat er auch Araberblut in sich. Der Percheron entstand aus Kreuzungen zwischen Normännern und orientalischen sowie andalusischen Pferden, in die später wiederum schwere Boulonnais eingekreuzt wurden.

Seine ursprüngliche Heimat ist die Landschaft La Perche in Frankreich, vor allem die Departments Sarthe, Eure-et-Loir, Loir-et-Cher und Orne.

Auch heute noch dürfen in Frankreich nur diejenigen Pferde als Percheron bezeichnet werden, die in einem dieser Stammgebiete gezüchtet werden. Im „Postkutschen-Zeitalter" war dieses gutmütige und willige Pferd wesentlich leichter als heute und erreichte vor allem im Trab erstaunliche Geschwindigkeiten. Bekannt wurde es vor allem auch durch seinen Einsatz bei der Pariser Omnibusgesellschaft, als die Omnibusse noch von Pferdegespannen gezogen wurden. Das ausdauernde Arbeitspferd hat ein erstaunlich feuriges Temperament. Seine Nachzuchten haben auch in Großbritannien, den USA, Kanada, Südafrika und Argentinien Freunde gefunden.

Pferderassen von A bis Z

Pinto

Der Pinto (Stockmaß ab 158 cm) ist streng genommen keine richtige Rasse, sondern nur eine Farbrasse. Dennoch erreichte die „Pinto Horse Association of America" 1963, dass der Pinto, zu deutsch „Schecke", als eigenständige Rasse anerkannt wurde.

Sein Erscheinungsbild ist sehr unterschiedlich. Es gibt sechs unterschiedliche Typen von Pintos. Der Stock-Typ sind meist auf Paint-Horse- oder Quarter-Horse-Basis gezogene Westernpferde.

Der Pleasure-Typ erinnert mehr an einen Araber, der Hunter-Typ wirkt wie ein Großpferd im Warmblutstil.

Außerdem gibt es noch den Gangpferde-Typ, das Pinto Pony und den Lewitzer auf der Basis des Zuchtziels Deutsches Reitpony. In den USA macht der Pinto nicht nur als Polopferd oder in Pferdeshows von sich reden, er ist darüber hinaus ein hervorragendes Cow Pony.

In den letzten Jahren findet er auch in Europa unter den Westernreitern immer mehr Freunde.

Pony of the America

Das Pony of the America (Stockmaß 115 bis 135 cm), kurz POA genannt, sieht aus wie ein Appaloosa im Miniformat. Es zeigt auch die gleichen Zeichnungsmuster wie sein Vorfahre.

Anfang der 1950er-Jahre kreuzte Leslie Boomhower aus Mason City in Iowa eine Appaloosa-Stute mit einem Shetland-Hengst. Der Nachwuchs war ebenso auffällig gefärbt wie die Mutter und vermehrte sich rasch weiter. Das POA ist ausgesprochen temperamentvoll, gelehrig und sehr gutmütig, zudem ausdauernd und robust. In den USA ist es ein begehrtes Reitpferd für Kinder und Erwachsene sowie ein beliebtes Showpferd.

Pottok

Obwohl die im Baskenland im Südwesten Frankreichs und in den Bergregionen der Pyrenäen ansässigen Pferde frei in Herden leben, sind sie ausgesprochen menschenfreundlich. Diese Ponys (Stockmaß 115 bis 132 cm), deren baskischer Name „Pferdchen" bedeutet, ähnelt äußerlich ein bisschen dem Shetland Pony.

Wie dieses wurden sie wegen ihrer geringen Größe, ihrer Ausdauer und Zähigkeit Anfang des Jahrhunderts als Grubenpferde verwendet. Einmal im Jahr werden die Nachzuchten eingefangen und begutachtet. Sie bekommen einen Brand, werden wieder freigelassen oder auf dem Pferdemarkt verkauft.

Heute gibt es rund 3000 reinrassige Pottoks, die in einem Stutbuch registriert sind. Daneben werden durch Araber- und Welsh-Pony-Einkreuzungen ausdauernde und trittsichere Wanderreitponys gezogen.

Przewalskipferd

Als der russische Asienforscher Nikolai Michajlowitsch Przewalski 1879 mit einer Kamelkarawane durch die Steppe von Kobdo in der Mongolei zog, sah er mehrere Male eine Herde ihm unbekannter Tiere. Sie waren nicht sehr groß, hatten eine dunkle Stehmähne, ein helles Mehlmaul, merkwürdige Zebrastreifen an den Beinen und einen Aalstrich über den Rücken. Obwohl die Kirgisen sie „Kertag" nannten – und „Tag" bedeutet soviel wie „Pferd" – hielt Oberst Przewalski sie wegen ihrer gelbbraunen Farbe für Halbesel. Er gelangte in den Besitz eines Schädels und eines Fells und nahm sie mit nach Hause. Erst zwei Jahre später, im Jahre 1881, stellte der Zoologe Iwan S. Poljakoff fest, dass Przewalski die letzten lebenden echten Wildpferde vor sich gehabt hatte. Nur 80 Jahre später war „Equus przewalskii przewalskii", benannt nach seinem Entdecker, auch in der Mongolei ausgestorben.

Przewalskipferd

Dass es weltweit mittlerweile wieder rund 1000 echte Przewalski-Urpferde gibt, ist der Arbeit einiger Zoos zu verdanken. Denn 1897 bis 1902 hatte ein Kaufmann namens Assanow, der in China Handel trieb, einige Przewalskis eingefangen und nach Russland bringen lassen. 39 davon gingen damals zu Carl Hagenbeck nach Hamburg.

Mehrere Zoos stellten später aus den Nachkommen dieser Tiere Zuchtgruppen zusammen und konnten somit die Urahnen aller unserer Hauspferderassen in die Gegenwart retten. Im September 1995 wurden nach langwierigen Vorbereitungen drei Hengste und vier Stuten aus dem Münchner Tierpark Hellabrunn und ein weiterer Hengst aus dem Tiergarten Nürnberg zurück in ihre alte Heimat gebracht. Im 170.000 ha großen Gansu-Zuchtzentrum für gefährdete Tiere sollen sie zusammen mit Przewalskipferden aus nordamerikanischen Zoos dazu beitragen, dass die Urpferde in Asien wieder heimisch werden.

Pferderassen von A bis Z

Quarter Horse

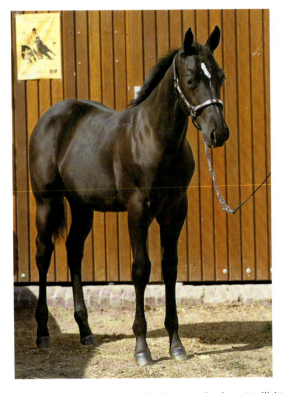

Das Quarter Horse (Stockmaß 148 bis 158 cm) ist nicht nur als einziges Pferd in der Lage, auf kurze Distanz das Vollblut zu schlagen, es ist auch eines der vielseitigsten und beliebtesten Pferde der Welt. Über eine Million Quarter Horses sind weltweit registriert.

Entstanden ist dieses ruhige, anspruchslose und gefügige Pferd mit dem erstaunlichen Speed in der Kolonialzeit. Damals war es in den südlichen Staaten der USA Mode, am Sonntag in der Hauptstraße der Städtchen Rennen über eine „quarter mile", eine Viertelmeile, abzuhalten. Einzig und allein auf Schnelligkeit gezüchtet, verwendete man dazu Kreuzungen aus arabischen und türkischen Pferden, Englischen Vollblütern und anderen schnellen Rassen. Das Quarter Horse ist aber nicht nur schnell, es hat auch eine erstaunliche Wendigkeit, eine Fähigkeit, die Cowboys bei der Arbeit mit Rindern zu schätzen wissen – ebenso wie den „cow sense", die Mitarbeit des Pferdes, wenn es gilt, einzelne Rinder von der Herde abzusondern. Doch noch nicht genug der Vorzüge: Quarter Horses sind zuverlässig, hart und ausdauernd, von ausgeglichenem Temperament, gelehrig und außerdem treue Kameraden.

Pferderassen von A bis Z

Rheinisch-deutsches Kaltblut

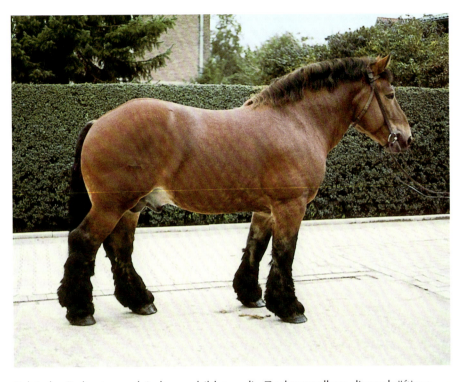

Belgische Brabanter und Ardenner bildeten die Zuchtgrundlage dieses kräftigen Arbeitspferdes (Stockmaß 158 bis 165 cm), das Anfang des 19. Jahrhunderts im Rheinland entstanden ist.

Wegen der steigenden Nachfrage in Industrie und Landwirtschaft wurde das rheinisch-deutsche Kaltblut später auch in Westfalen und Sachsen gezüchtet. Vor allem das 1839 gegründete Landgestüt Wickrath machte sich um die Entwicklung dieser vielseitigen Pferderasse verdient.

Pferderassen von A bis Z

Diesem schweren Zugpferd sieht man die gewaltige Kraft deutlich an, vor allem im Schritt und im Trab zeichnet es sich durch raumgreifende Bewegungen aus. Um 1930 machte das rheinisch-deutsche Kaltblut rund 50 % des Pferdebestandes in Deutschland aus. Nach dem Zweiten Weltkrieg allerdings ging die Nachfrage zurück. Heute steht die einstmals so begehrte Rasse auf der Roten Liste der bedrohten Nutztierrassen, die alljährlich von der „Gesellschaft zur Erhaltung alter und gefährdeter Haustierrassen e. V." erstellt wird.

Schwarzwälder Fuchs

Auf den ersten Blick ähnelt er ein wenig dem Haflinger. Dieses kleine, aber edle Arbeitspferd (Stockmaß 148 bis 156 cm) ist sehr nah mit dem Noriker verwandt. Experten glauben, dass lediglich Umwelteinflüsse daran schuld sind, dass aus dem Schwarzwälder Fuchs im Laufe von Generationen ein leichteres Pferd wurde.

Diese fleißige, genügsame und harte Rasse ist ausgesprochen trittsicher. Auch heute noch wird sie in bergigen Gegenden als Wagenpferd und zum Holzrücken eingesetzt. Vielfach ziehen die Füchse auch mit Touristen besetzte Planwagen, Kutschen oder Schlitten hinter sich her.

Auch bei Freizeitreitern und -fahrern haben sie Freunde gefunden. Insgesamt ist der Bestand jedoch stark zurückgegangen, sodass auch der Schwarzwälder Fuchs auf der „Roten Liste der bedrohten Nutztierrassen" zu finden ist.

Schwedisches Warmblut

Als 1621 das königliche Gestüt Stromsholm gegründet wurde, importierte man zunächst orientalische, spanische und friesische Hengste und kreuzte sie mit einheimischen Stuten. Aber erst Mitte des 19. Jahrhunderts kristallisierte sich durch strenge Zuchtauswahl mit sorgsam ausgesuchten Trakehnern, Hannoveranern und Englischen Vollblütern ein gut proportionierter, temperamentvoller und dennoch gut rittiger Warmblüter von einheitlichem Typ heraus. Nur wer die strengen Wesenstests und Leistungsprüfungen besteht, wird als Hengst zur Zucht zugelassen. Das bereits 1658 gegründete Gestüt „Flyinge" ist heute Hengstdepot. Das Schwedische Warmblut zählt zu den besten Sportpferden der Welt, auf das nicht nur die schwedischen Sportler in den Reit- und Fahrdisziplinen bei Weltmeisterschaften und Olympiaden setzen.

Shagya-Araber

Die Geschichte dieser temperamentvollen Pferderasse (Stockmaß 150 bis 154 cm) beginnt im bekannten, 1789 gegründeten, westlich von Budapest gelegenen Staatsgestüt Babolna und dem 1792 gegründeten Staatsgestüt Radautz in den Karpaten. Der erfolgreichste Linienbegründer wurde der 1830 geborene Originalaraber „Shagya". Er war auf dem Gestüt Babolna Hauptbeschäler und beeindruckte durch Schönheit, Größe und Vererbungskraft unzählige Pferdekenner. Er schenkte der Rasse seinen Namen. Auch „Gazlan" begründete eine bedeutende Hengstlinie, die über seinen Nachfahren „Gazal VII" sogar in Deutschland sehr bekannt geworden ist. Anfang des 19. Jahrhunderts erfolgten in den Mutterlinien Einkreuzungen aus den Moldauer und Siebenbürger Landesrassen sowie vereinzelt auch durch Lipizzaner und englische Halbblüter, um Größe und Kaliber der Pferde zu stärken.

Am Ende des Ersten Weltkriegs wurde das Gestüt Radautz aufgelöst und seine wertvollen Bestände auf die Nachfolgestaaten der Donaumonarchie verteilt.

Heute werden Shagya-Araber von privaten Züchtern in ganz Europa, aber auch den USA und Venezuela gezüchtet. Diese herrlichen Pferde sind nicht nur angenehme Familien-Freizeitpferde, sondern auch für den Turnierreiter im Springen, der Dressur, in der Vielseitigkeit und im Fahr- und Jagdsport leistungsbereite Partner.

Pferderassen von A bis Z

Shetland Pony

Für die meisten Menschen ist der „Shetty" der Inbegriff des Ponys (Stockmaß 87 bis 107 cm). Ihrem Charakter und ihrer Größe nach sind diese freundlichen und

dennoch temperamentvollen Tiere die idealen „Erstpferde" für Kinder. Man kann nicht nur herrlich auf ihnen reiten, sondern auch den richtigen Umgang mit Pferden lernen. Und als Kutschpferd ist das Shetland Pony kräftig genug, um auch Erwachsene zu ziehen. Das Shetty kann sein doppeltes Eigengewicht ziehen und ist damit im Verhältnis zu seiner Größe die kräftigste Pferderasse überhaupt. Leider werden die robusten Kleinen von vielen Leuten immer noch mit einem „Spielzeug" verwechselt.

Niemand weiß genau, wie diese Kleinpferderasse entstanden ist. Die frühesten Funde auf den Shetlandinseln gehen bis auf etwa 500 v. Chr. zurück. Die Rasse blieb bis heute ziemlich unverändert. Es kam lediglich vor gut 1000 Jahren zu einigen Kreuzungen mit dem inzwischen ausgestorbenen Lofoten-Pony aus Norwegen, das Ansiedler mitgebracht hatten. Seit Gründung des englischen Stutbuchs im Jahre 1890 wurde es aber überwiegend rein weitergezüchtet.

Im 19. Jahrhundert wurden die außergewöhnlich kräftigen Tiere wegen ihrer geringen Größe, ihrer Kraft, Härte und Gutmütigkeit als Grubenpferde in englischen

Pferderassen von A bis Z

Bergwerken eingesetzt. Die deutsche Shetlandpony-Zucht baute sich ursprünglich aus Tierpark- bzw. Zirkus-Importen auf. Während man zunächst bei Nachzuchten auf den britischen Originaltyp ausgerichtet war, gewannen Anfang der 1970er-Jahre Ponys vom „Amerikaner-Typ" an Bedeutung. In den USA hatte man besonders edle und langbeinige Tiere für den Trabrennsport im Sulky entwickelt. Einige Experten bemühen sich außerdem darum, besonders kleine „Mini-Shettys" zu züchten.

Shire Horse

Das Shire Horse (Stockmaß ab 163 cm), das ursprünglich in den englischen Grafschaften Leicestershire, Staffordshire, Derbyshire gezogen wurde, ist die größte Pferderasse der Welt. Vermutlich stammt es von den gewaltigen Schlachtrossen der Ritterzeit ab, welche die Normannen nach England brachten und mit einheimischen Stuten verpaarten.

Allerdings sind sich die Experten, was die Geschichte dieses ebenso großen wie gutmütigen Pferdes anbelangt, nicht ganz einig.

In elisabethanischer Zeit jedenfalls nannte man den Riesen unter den Pferden das „Great Horse of England", das „Große Pferd Englands". Als die Nachfrage nach Kriegsrössern zurückging, wurde die Zucht des Shire auf die Bedürfnisse der Landwirtschaft ausgerichtet. Es wurden Aufzeichnungen über die Rasse gemacht und Qualitätsnormen aufgestellt. 1878 entstand die „Shire Horse Society".

Das kräftige Pferd, das fünf Tonnen ziehen kann und „höchstens zwei Ballen Heu pro Tag frisst", wird heute vor allem als Brauerei- und Paradepferd eingesetzt.

Pferderassen von A bis Z

Sorraia Pony

In seinem Äußeren ähnelt dieses zähe, genügsame Pony (Stockmaß 122 bis 132 cm), das in Spanien und Portugal beheimatet ist, sowohl dem Tarpan als auch dem Przewalskipferd.

Experten vermuten, dass es eine der am frühesten domestizierten Pferderassen ist. Jahrhundertelang lebte das Sorraia Pony im Gebiet des Sorraia-Flusses, wo man es gerne für landwirtschaftliche Arbeiten und für die Herdenarbeit der Stierhüter einsetzte. Leider ist diese Rasse mittlerweile sehr selten geworden. In Freiheit lebend gibt es nurmehr eine einzige Herde.

Suffolk Punch

Vermutlich ist dieses mächtige Arbeitspferd aus normannischen Streitrössern entstanden. Erstmals erwähnt wird der Suffolk Punch (Stockmaß 160 bis 170 cm) 1506 in Camdens „Britannia". Zwar wurden zeitweise Normänner und Belgier eingekreuzt, seit 1880 aber ist Fremdblut in der Zucht verboten.

Der Suffolk Punch gilt als leichtfuttrig, langlebig, ausdauernd, ruhig und freundlich. Zu seinen Charakteristika gehört die Fuchsfarbe, die in allen möglichen Schattierungen vorkommt. Leider ist er auch in seiner Heimat sehr selten geworden.

Tarpan

Erst im Jahre 1769 wurde das neben dem Przewalskipferd letzte lebende Wildpferd, das man bis dahin nur aus alten Schriften gekannt hatte, von dem Forschungsreisenden Samuel Gottlieb Gmelin entdeckt. Jahrtausendelang war der Tarpan wegen seines schmackhaften Fleisches verfolgt worden und hatte in den weiten Steppen Südrusslands ein letztes Refugium gefunden.

Doch im Laufe des 19. Jahrhunderts war er auch hier gänzlich ausgerottet. Der letzte wilde Tarpan soll 1879 in der Südukraine getötet worden sein, der letzte Tarpan in Gefangenschaft starb im Jahre 1887.

Erst später wurde dem Menschen klar, welches Tier er hier vernichtet hatte. Durch Rückzüchtungen in Polen und in zoologischen Gärten in Berlin und München versuchte man das Wildpferd wieder erstehen zu lassen.

Als „Ausgangsmaterial" verwendete man Hauspferde mit viel Tarpanblut, wie den Konik. In Polen leben diese Rückzüchtungen in den polnischen Wildreservaten von Bialowieza und auf Popielno, einer rund 1600 ha großen, an drei Seiten von Seen umschlossenen Halbinsel. Diese Kleinpferde, die den Namen ihres ausgestorbenen Vorfahren tragen, sehen dem Tarpan äußerlich zwar sehr ähnlich, sind genetisch betrachtet aber lediglich dem Tarpan ähnliche Hauspferde. Bei uns kann man sie ebenfalls in einigen Zoos bewundern.

Pferderassen von A bis Z

Tennessee Walking Horse

Dieses elegante Reitpferd (Stockmaß 140 bis 170 cm) wurde von Baumwollpflanzern gezüchtet, weil sie für die Bewirtschaftung ihrer riesigen Plantagen ein besonders bequemes Pferd wünschten.

Dazu kreuzten sie den Plantation-Ambler, ein Reitpferd der Pflanzer der Südstaaten, mit Narrangansett Pacers, American Saddlebred Horses und Vollblütern. Einer seiner Stammväter war außerdem der 1886 geborene Standardbred-Traber-Hengst „Black Allan".

Das Tennessee Walking Horse wurde erst 1935 als eigene Rasse anerkannt. Das Charakteristikum dieses Pferdes ist der „running walk" (laufende Schritt), bei dem die Hinterhände außerordentlich weit nach vorne greifen. Während rund 90 % der amerikanischen Pferde als Freizeitpferde genutzt werden und flach beschlagen sind, werden den Showpferden in jahrelangem Training und mit Hilfe schwerer Eisen oder bis zu 15 cm hoher Gummiklötze extrem hohe, „ausdrucksvolle Gänge" anerzogen.

Dieses freundliche, intelligente Pferd ist wegen seiner gleitenden, flüssigen Bewegungen auch für Anfänger und ältere Menschen sehr geeignet. In den USA gehört es zu den beliebtesten und häufigsten Rassen. Nach Deutschland kamen die ersten Pferde erst in den 1970er-Jahren.

Pferderassen von A bis Z

Trakehner

Seit dem 13. Jahrhundert züchtete der in den Kreuzzügen entstandene Deutschritterorden in Ostpreußen Pferde: zum einen entstand basierend auf holländischen und deutschen Rassen wie Friesen, Oldenburgern und Holsteinern das große, starke Streitross, zum anderen züchtete man Pferde für die Jagd, Botenritte und den Ackerbau heran. Grundlage dafür war die bodenständige Rasse der Schweiken, kleine, gedrungene Pferde, meist mausgrau oder lehmfarben mit einem Aalstrich, ähnlich dem heutigen Konik. Sie wurden mit orientalischen Hengsten verpaart.

Als der preußische Soldatenkönig Friedrich Wilhelm I. im Jahre 1732 das ostpreußische Hauptgestüt Trakehnen gründete, um weniger Pferde aus dem Ausland einführen zu müssen und den königlichen Marstall mit brauchbaren Reit- und Wagenpferden zu versorgen, gingen daraus nicht nur elegante Kavalleriepferde, sondern auch schwere, verlässliche Wirtschaftspferde hervor. Da aber seine Rechnung, damit die Staatskasse aufzubessern, nicht aufging, schenkte er das Gestüt seinem Sohn. Obwohl Friedrich der Große erkannte, dass die Blutauffrischung für eine erfolgreiche Zucht notwendig war, und er Rassen ins Land holte, die damals „Hochkonjunktur" hatten (Spanier, Neapolitaner, böhmische und englische Pferde), führte das Gestüt weitere 100 Jahre ein Schattendasein.

Pferderassen von A bis Z

Der erneute Aufschwung begann mit der kontinuierlichen Einfuhr von Arabischen und Englischen Vollblütern. In den folgenden Jahrhunderten indessen wurde kaum eine andere Pferderasse so sehr von kriegerischen Auseinandersetzungen in Mitleidenschaft gezogen wie der Trakehner. 1806 mussten Pferde und Mitarbeiter

Trakehner

des Gestüts vor den Franzosen nach Litauen flüchten. Kaum zurückgekehrt, wurden alle Pferde bis 1813 nach Schlesien geschafft. Auch zu Beginn des Ersten Weltkriegs mussten die wertvollen Tiere gemäß Mobilmachungsplan wieder ins „Exil". Diesmal waren sie verstreut in Westdeutschland. Erst 1919 kamen die letzten ausgelagerten Pferde zurück ins Heimatgestüt. 1947 wurde der „Verband der Züchter und Freunde des Warmblutpferdes Trakehner Abstammung e. V." ins Leben gerufen. Dem Idealismus einiger passionierter Anhänger ist es zu verdanken, dass ein zahlenmäßig gerade noch ausreichender Bestand zur Erhaltung der Rasse zusammengesucht werden konnte.

Auf diesem Grundstock züchtete man in den folgenden Jahren mit Hengsten wie den legendären „Julmond", „Consul", „Bartholdy" oder „Caprimond" weiter. Heute ist der Trakehner (Stockmaß 160 bis 170 cm) ein zuverlässiges, leistungsbereites, schnelles und rittiges Pferd, dessen Vollkommenheit kaum eine andere Pferderasse erreicht.

Pferderassen von A bis Z

Vollblut-Araber

Sein Name klingt für Pferdefreunde wie ein Zauberwort. Kein Wunder also, dass sich um die Entstehung des feurigen Vollblut-Arabers (Stockmaß 148 bis 153 cm) unzählige Legenden ranken. Eine davon erzählt Folgendes: „Da nahm Gott eine Handvoll vom Südwind, hauchte darüber und schuf das Pferd. Er sprach: Dein Name sei arabisch, das Gute sei gebunden an deine Stirnhaare, die Beute an deinen Rücken. Ich habe dich begünstigt vor allen Lasttieren, ich habe deinen Besitzer zu deinem Freund gemacht; ich habe dir die Kraft zum Fliegen verliehen ohne Flügel."

Zahlreiche wundersame Geschichten kreisen auch um Mohammed, der als Begründer der arabischen Vollblutzucht gilt. Es heißt, dass der Prophet eine Herde von Stuten tagelang dürsten ließ. Dann öffnete er die Koppel und ließ die Trompeten zum Kampf blasen. In wildem Galopp jagten die Tiere der Tränke zu. Fünf Stuten aber hielten inne und kamen auf Mohammed zu, ohne ihren Durst gestillt zu haben. „Hadbah", „Saglawi", „Kuhejlan", „Hamdani" und „Abajah" wurden zu den Stammmüttern der arabischen Vollblutzucht. Nachdem seine Kamelreiter gegen die mit Pferden berittenen Feinde harte Niederlagen einstecken mussten, erkannte er schnell, wie wichtig gute Pferde für den Sieg seiner Religion waren. Deshalb machte er seinen Anhängern die Zucht von Pferden „reinen Blutes" (a-sil) zur religiösen Pflicht. Dafür versprach er ihnen himmlischen Lohn: „So viel Körner Gerste du deinem Pferd gibst, so viel Sünden werden dir vergeben."

Pferderassen von A bis Z

Über 1000 Jahre lang unterlag dieses Pferd einer harten Selektion, länger als jede andere Rasse. Die Beduinen schufen ein Pferd, dem kein anderes in Schönheit und Harmonie gleichkommt. Das Nomaden-Leben in der Wüste unter extremen Temperaturschwankungen und Mangel an Wasser und Nahrung war für Menschen und Tiere hart, sie waren aufeinander angewiesen, bildeten eine unzertrennliche Überlebensgemeinschaft. Während Hengste meist verkauft wurden, gehörten die Stuten mit zur Familie und durften als einzige Tiere mit ins Zelt. „Meine Kinder mögen hungern und dürsten, aber niemals mein Pferd", lautet ein altes Sprichwort.

Vollblut-Araber

Der Vollblut-Araber, auch asiler Araber oder Araber ox genannt, wurde das wichtigste Tier in der Geschichte der Pferdezucht. Nur Tiere, deren Papiere von der WAHO („World Arabian Horse Organization") ausgestellt bzw. anerkannt sind,

gelten als Vollblut-Araber. Die einzigartige Beziehung zwischen Mensch und Tier zeichnet ihn auch heute noch aus. Der Vollblut-Araber braucht die Freundschaft seines Besitzers und ist kein Pferd, das man eine Woche lang allein im Stall oder auf der Koppel lassen kann, um ihn „mal am Wochenende zu reiten". Kaum eine andere Rasse ist so vielseitig. Man findet den Vollblut-Araber als Freizeit- oder Kutschpferd genauso wie auf Rennbahnen, im Dressurviereck oder im Springparcours. Daneben hat er aber noch eine einzigartige Spezialbegabung: Als „Marathon-Läufer" kann er seine ganze Ausdauer, Härte und sein Durchhaltevermögen beweisen. Diese eleganten und rassigen Tiere haben eine ausgeprägte Muskulatur, stahlharte Beine und Hufe sowie große, kräftige Lungen. Daneben haben sie mehr Sauerstoff transportierenden roten Farbstoff im Blut als andere Rassen. Das arabische Wunderpferd „Rih", von Karl May erfunden, besitzt alle Tugenden, die einen Vollblut-Araber auszeichnen – unglaubliche Genügsamkeit, Ausdauer, Intelligenz und Menschenfreundlichkeit.

Pferderassen von A bis Z

Welsh Mountain Pony

Seit rund 1000 Jahren lebt dieses aufgeweckte Pony, das aus keltischer Zucht hervorgegangen ist, in den Bergen von Wales. Den hübschen Araberkopf und das elegante, edle Äußere aber verdanken die Welsh Mountain Ponys den Araberhengsten, die vor gut 200 Jahren hier ausgesetzt wurden. Auch in späterer Zeit wurde immer wieder fremdes Blut, wie zum Beispiel Andalusier, eingekreuzt.

Auch heute noch leben die klugen und mutigen Pferde in riesigen Herden in der Berg- und Moorlandschaft Südwestenglands. Für viele Pferdefreunde gelten sie als die nobelste britische Ponyrasse. Welsh Mountain Ponys zeigen schöne, freie Bewegungen, sind ausdauernd und von unkomplizierter Wesensart.

Auch im übrigen Europa und in Nordamerika sind sie als Kinderreitponys sehr gefragt. Aber auch wenn die Größe 122 cm nicht überschreiten sollte, sind sie alles andere als ein lebendiges Spielzeug. Um die temperamentvollen Pferde so richtig in den Griff zu kriegen, ist auch für sportliche Kinder eine fundierte Reitausbildung erforderlich.

Welsh Pony

Das Welsh Pony (Stockmaß bis 137 cm) ist eine größere Version des Welsh Mountain Ponys. Es hat ebenfalls ein elegantes, edles Äußeres mit starken orientalischen Zügen. Seine Geschichte geht auf den kleinen Vollbluthengst „Merlin" zurück, einen direkten Nachfahren des legendären „Darley Arabian", der einer der drei Stammväter des Englischen Vollbluts war. Deshalb werden die Welsh Ponys auch mitunter „Merlins" genannt. Sie sind hervorragende Kinderreit- und Springpferde, die große Ausdauer an den Tag legen.

Welsh Pony im Cob-Typ

Das Welsh Pony im Cob-Typ (Stockmaß bis 137 cm) entwickelte sich durch die Kreuzung von Welsh Mountain Ponys mit Welsh Cobs in der Gegend um Breconshire und Radnorshire.

Es ist etwas größer und kräftiger als das Welsh Pony, hat aber durch den Cob-Einfluss einen nicht ganz so eleganten Kopf.

Diese widerstandsfähige und ausdauernde Rasse eignet sich aufgrund ihrer Größe und ihres kräftigen Körperbaus auch als Pferd für Erwachsene.

Einst als Wagenpony geschätzt, war das kleine Pferd infolge der Motorisierung beinahe schon in Vergessenheit geraten. In den letzten Jahren aber haben Wales-Urlauber das eifrige und freundliche Kleinpferd als unersetzlichen Kameraden für ihre Trekking-Touren neu entdeckt.

Welsh Cob

Die Waliser nennen den temperamentvollen und energischen Welsh Cob (Stockmaß ab 137 cm) ganz schlicht „das beste Reit- und Zugpferd Europas". Auch wenn das ein wenig übertrieben ist, sind diese mittelgroßen, lebhaften Warmblüter besonders gute Reit-, Jagd- und Springpferde, die seit mehr als 800 Jahren in Wales gezüchtet werden. Bereits im Mittelalter trugen sie die Ritter durch die Lande, zogen schwerste Lasten und waren springfreudige, treue Jagdgefährten. In der Gegend um Cardiganshire und Pembrokeshire zu Hause, kann dieses leichtfuttrige und nervenstarke Pferd, das oftmals die Kleinpferdegrenze überschreitet, auch schwergewichtige Reiter tragen. Der Welsh Cob hat bodendeckende Gänge, ist trittsicher und zuverlässig. Er gehört zu den am besten für ältere Menschen geeigneten Pferderassen.

Westfale

Im 19. Jahrhundert herrschte in Westfalen ein ziemliches Zucht-Durcheinander: Während der eine Züchter auf Oldenburger Basis ein schweres Warmblutpferd züchtete, bevorzugte der andere ostfriesische Hengste oder Vollblüter. Um 1900 existierten ganze 14 Hengsthalter-Genossenschaften.

Mit dem 1904 gegründeten Westfälischen Pferdestammbuch wurde erstmals eine einheitliche Zuchtrichtung geschaffen. Zuchtziel war zum einen „ein kräftiges, gut gebautes, gängiges Reit-, Wagen- und Springpferd", zum anderen „ein kräftiges, breites, gut gebautes und gängiges Arbeitspferd". Zur Blutauffrischung zugelassen waren beim Warmblut Englisches Vollblut, Hannoveraner, Oldenburger und ihnen nahe verwandte Rassen sowie beim Kaltblut Ardenner, Belgier und diesen verwandte Rassen. Da den Oldenburgern die westfälischen Umweltbedingungen überhaupt nicht zusagten, wurden ab 1909 vermehrt Anglo-Normannen eingeführt.

Ab 1920 nahm der Hannoveraner einen solch großen Einfluss, dass er äußerlich nicht mehr vom Westfalen zu unterscheiden ist. Der Westfale (Stockmaß 162 bis 172 cm) ist ein elegantes Reitpferd, mit dem Dressur- und Springreiter in aller Welt bei internationalen Meisterschaften antreten.

So ist beispielsweise auch „Rembrandt-Borbet", mit dem Nicole Uphoff-Becker zur besten deutschen Dressurreiterin aller Zeiten avancierte, ein Westfalen-Wallach.

Pferderassen von A bis Z

Württemberger

Die Wiege der Württembergischen Warmblutzucht liegt im Haupt- und Landgestüt Marbach. Als das berühmte Gestüt im Jahre 1575 gegründet wurde, begann man jedoch zunächst, mit Arabern, Spaniern und Neapolitanern zu züchten. Erst Mitte des 19. Jahrhunderts wurde die heutige Zuchtrichtung eingeleitet. Ohne eine eigene bodenständige Rasse darzustellen, war das aus verschiedenen Rassen entstandene Württemberger Warmblut (Stockmaß 157 bis 165 cm) um die Jahrhundertwende bereits zu einem Begriff geworden. Bei den Stuten-Stämmen von Baden-Württemberg tauchen immer wieder Anglo-Normannen-Hengste auf, die zu Begründern bedeutender Hengstlinien wurden. Als 1888 zwei weitere Hengste in der Normandie ausgesucht wurden, musste ein dritter mitgekauft werden, um die beiden anderen zu bekommen. Der ungewollte Dritte war „Faust", der zum Stammvater des Württemberger Warmbluts wurde.

Als man 1908 in der Normandie nochmals nach einem Hengst im Faust-Typ suchte, war dieser bereits wieder verschwunden. Man hatte sich inzwischen auf elegante und auffallende Pferde spezialisiert. Nachdem man zwischen 1906 und 1923 dem Wunsch der Bauern nach einem schweren Warmblüter entsprochen hatte und Oldenburger eingekreuzt worden waren, kam es in den 1940er- und

Pferderassen von A bis Z

Anfang der 1950er-Jahre zu zahlreichen unbefriedigenden Zuchtversuchen. Wie schon im 19. Jahrhundert setzte man wieder auf die vorsichtige Blutauffrischung mit Arabern. Von 1960 bis 1965 war schließlich „Julmond" neuer Haupt-Beschäler. Der bereits über zwanzigjährige Trakehner-Hengst wurde von ebenso großer Bedeutung für das Württemberger Warmblut wie einst „Faust". Der Württemberger ist heute ein nervenstarkes, gut zu handhabendes und zuverlässiges Leistungspferd, das unter dem Sattel und im Geschirr allen Anforderungen gerecht wird.

Zweibrücker

Seinen Namen verdankt das Warmblutpferd, dessen Kopf oftmals den Araber-Einfluss verrät, dem Herzogtum Zweibrücken. 1755 gründete Herzog Christian IV. das Stammgestüt, in dem vor allem mit englischen Halbblutstuten und arabisch-türkischen Hengsten gezüchtet wurde. Die Leistungsprüfungen anhand von Parforcejagden auf bergigem Gelände erforderten schnelle, kräftige und ausdauernde Pferde.

Die mittelgroßen Tiere mit der breiten Brust und dem edlen Kopf waren bald überall beliebt. 1890 wurde das berühmte Gestüt von Bayern als königliches Land- und Stammgestüt übernommen. Das Ziel war nun ein leistungsfähiges Reit-, Wagen- und Militärpferd. Der Erste Weltkrieg, die Wirtschaftskrise der 1920er-Jahre und der Zweite Weltkrieg warfen die Zucht weit zurück. Die Pferde wurden mehrfach evakuiert, die Gestütsgebäude 1945 durch Bomben zerstört. Seither unterstand die Verwaltung nicht mehr Bayern, sondern Rheinland-Pfalz.

Trakehner, Araber und Hannoveraner nahmen deutlich Einfluss auf die Entwicklung der Rasse. 1970 schlossen sich die Bundesländer Rheinland-Pfalz und Saarland zu einem gemeinsamen Pferdezuchtverband („Pferdezuchtverband Rheinland-Pfalz-Saar e. V.") mit eigenem Brandzeichen zusammen. Der Zweibrücker ist heute ein zuverlässiges, ausgeglichenes und vielseitiges Reitpferd, das seit einigen Jahren auch sehr aktiv am Turniersport teilnimmt.

Pferderassen von A bis Z

Ratgeber Gesundheit

Klare Augen, ein glattes, glänzendes Fell, ruhige Atemzüge und eine normale Körpertemperatur von 37,5 bis 38 Grad sind Zeichen dafür, dass es einem Pferd gut geht.

Damit es auch gesund bleibt, sollte man auf eine ausgewogene Ernährung und genügend Bewegung achten. Aber auch schlechtes Lüften im Stall, zu seltenes Ausmisten, Futter von minderer Qualität und Staub machen es Krankheitskeimen leicht, im Stall ein Opfer zu finden.

Um vorzubeugen, sollte man das Tier regelmäßig vom Tierarzt untersuchen und impfen lassen (z. B. gegen Tetanus, Influenza, Tollwut). Pferde sollten mindestens einmal im Jahr einer tierärztlichen Kontrolle unterzogen werden. Der Tierarzt sollte das Herz auf Rhythmus und Puls untersuchen und die Lunge abhören. Die Lunge sollte auf Anzeichen von Blutstaus unter-

INFO

Routine-Untersuchungen

Pferde sollten mindestens einmal im Jahr einer tierärztlichen Kontrolle unterzogen werden. Der Tierarzt sollte das Herz auf Rhythmus und Puls untersuchen und die Lunge abhören. Die Lunge sollte auf Anzeichen von Blutstaus untersucht werden, die auf Infektionen oder Allergien hinweisen könnten. Weiterhin ist es notwendig, Augen, Fell, den gesamten Bewegungsapparat und die Hufe untersuchen zu lassen. Regelmäßige Wurmkuren, Impfungen und Routine-Untersuchungen sollten eine Selbstverständlichkeit sein.

Ratgeber Gesundheit

sucht werden, die auf Infektionen oder Allergien hinweisen könnten. Weiterhin sollten Augen, Fell, der gesamte Bewegungsapparat und die Hufe untersucht werden. Regelmäßige Wurmkuren, Impfungen und Routineuntersuchungen sollten eine Selbstverständlichkeit sein. Trotz aller Pflege kann es immer wieder zu Erkrankungen führen. Einige werde ich hier versuchen zu erklären. Dies soll aber KEINESFALLS den Tierarzt ersetzen. Wenn Ihr Pferd erkrankt, setzen Sie sich bitte unverzüglich mit Ihrem Tierarzt in Verbindung, damit er es richtig behandeln kann.

Die Notfallversorgung

Als Pferdebesitzer wird jeder früher oder später mit Notfällen der unterschiedlichsten Art, zumeist mit Verletzungen, konfrontiert. Die Ursachen sind meist in den speziellen Verhaltensweisen des Pferdes begründet. Eine ist der ausgeprägte Fluchtinstinkt, ein anderer das hierarchische Dominanzsystem untereinander und in der Herde. Neben den Verletzungen können auch akute Koliken, Lahmheit, Erkrankungen unterschiedlichster Genese oder auch Geburten für den Besitzer zu Notfällen werden, die es im ersten Augenblick zu meistern gilt.

Blutende Verletzungen sind offensichtlich, Koliken, fieberhafte Krankheiten oder innere Verletzungen sind aber nicht immer gleich zu erkennen. Um Panik im Falle des Falles zu vermeiden, sollte man sich grundsätzlich mit der Möglichkeit eines Notfalles auseinandersetzen. Im Stall sollten die wichtigsten Telefonnummern (Stalltierarzt, Tierärztenotdienst, Tierklinik in erreichbarer Entfernung, Helfer für Behandlungen, Transportmöglichkeit) möglichst beim Telefon angebracht sein.

Als Erstes gilt es bei einem Notfall, Ruhe zu bewahren. Die eigene Ruhe und Besonnenheit überträgt sich auf gegebenenfalls anwesende und weniger geschulte Personen, besonders aber auf das Pferd. Umgekehrt macht Hektik auch das ruhigste Tier zur potenziellen Gefahr für sich und seine Umgebung.

INFO

Der Erste-Hilfe-Kasten

Ein Erste-Hilfe-Kasten für Pferde enthält: Verbandmaterial in ausreichender Menge und Qualität, Desinfektionsmittel, Thermometer, Pinzette, groß und klein, Schere (scharf), rund und spitz, Gummihandschuhe, Wasserkübel, Schreibzeug, Taschenlampe (inkl. funktionierender Batterien). Ein kleineres Erste-Hilfe-Set für den Transporter, Bandagen, Transportgamaschen, Halfter und Strick für den Transporter sind auch kein Luxus!

Ratgeber Gesundheit

Das Verbringen an einen sicheren Standort erleichtert die Arbeit und schützt Pferd und Helfer vor weiteren Verletzungen. Das Delegieren von Aufgaben, wie den Tierarzt rufen, das Pferd halten oder den Erste-Hilfe-Kasten holen, macht die Hilfeleistung effektiver. Die Beobachtungen dem Tierarzt telefonisch durchzugeben, hilft diesem, den Ernst der Situation einigermaßen einzuschätzen.

Besonders wichtig: KEINE MEDIKAMENTE VERABREICHEN! Es hilft zumeist nicht und kann häufig den Fall verschlimmern.

Verletzungen und Blutungen

Für **Schürfwunden** braucht man zumeist keinen Tierarzt. Verletzungen am Rumpf versorgt man mit Jodsalbe, Antibiotikumspray oder einer Heilsalbe. Verletzungen an den Gliedmaßen führen nicht selten zu einem Einschuss und müssen daher sehr sorgfältig behandelt werden. Manchmal empfiehlt es sich auch, einen Tierarzt kommen zu lassen, der mit einem Antibiotikum einem Einschuss vorbeugen kann. **Größere Wunden** sind immer vom Tierarzt zu behandeln. Bis zu seinem Eintreffen

sollte man die Wunde möglichst steril abdecken, mehr nicht. Nur der Tierarzt kann entscheiden, ob Sehnen-, Knochen- oder Gelenkverletzungen vorliegen. Wunden mit stärkerer Blutung müssen „erstversorgt" werden. Als Erstes gilt es, den Tierarzt zu rufen, dann wird ein Druckverband angelegt. Dazu wird zunächst das verletzte Blutgefäß oberhalb der Wunde abgedrückt oder abgebunden. Danach ist der Druckverband anzulegen, und die Binde wird gelöst.

Unter **Einschuss** versteht man eine eitrige Entzündung des Unterhautbindegewebes. Durch kleine Wunden an den Gliedmaßen können Keime in das Unterhautbindegewebe gelangen und sich dort vermehren. Die Entzündung breitet

INFO

Das Blut anderer Pferde

Pferde besitzen einen hochentwickelten Geruchssinn. Blutgeruch ist in ihrem Instinktprogramm als ein Zeichen höchster Gefahr abgespeichert. Deshalb reagiert jedes normale und intelligente Pferd auf Blutgeruch, indem es seinen Fluchtinstinkt aktiviert. Bei einem Unfall auf einem Gruppenausritt muss man daher darauf achten, dass die anderen Pferde genügend Abstand zum verletzten Pferd halten.

Ratgeber Gesundheit

sich rasch aus, und das Bein wird warm und schwillt an. Rufen Sie den Tierarzt. Das Pferd darf nun nicht mehr bewegt werden. Das Bein sollte mit kaltem Wasser ausgekühlt werden.

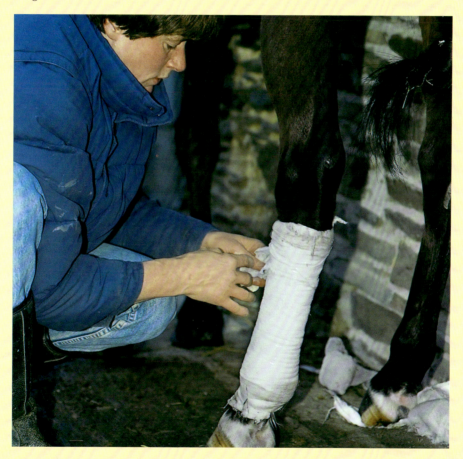

Festliegen und Feststecken

Festliegen kann verschiedene Gründe haben: Manche Pferde legen sich beim Wälzen fest, andere liegen fest, weil sie ernsthaft erkrankt sind und nicht mehr hoch kommen. Die Pferde reagieren unterschiedlich: Einige bleiben liegen, bis Hilfe kommt, andere geraten in Panik. Mehrere kräftige Helfer müssen mit anpacken. Ansonsten benötigt man Seile, Stangen, Decken, Strohballen. Wenn das Pferd in Panik gerät, muss man versuchen, es zu beruhigen. Dabei kniet eine Person neben dem Pferd und drückt seinen Kopf nieder. Eine zweite Person kann sich auf die Kruppe setzen. Mit der Hand kann man noch das oben liegende Auge abdecken. Einer der Helfer packt am Kopf an, ein anderer am Schweif, ein oder besser zwei Helfer stützen den Rücken und ein weiterer packt an den Vorderbeinen an. Es muss versucht werden, das Pferd so hin und her zu wälzen, dass es die Vorderbeine nach vorne nehmen kann. Dann schafft es das Pferd meist von alleine aufzustehen.

Pferde können auch in tiefem Matsch **feststecken,** oder sie rutschen in Bewässerungsgräben etc. Ein festhängendes Pferd kann schnell in Panik geraten. Wiederum als Erstes ist das Pferd daher zu beruhigen. Die Helfer, auch ein Tierarzt sollte vor Ort sein, müssen nun versuchen, das Tier zu befreien. Dazu braucht man Seile

Ratgeber Gesundheit

und in den meisten Fällen ein geeignetes Zugfahrzeug. Die Stricke werden, wenn möglich, um Brust und Bauch des Pferdes gelegt und stabil am Zugfahrzeug befestigt. Dann wird vorsichtig angezogen, bis das Pferd auf sicherem Boden steht. Der Tierarzt kann dabei den Kreislauf des Pferdes unterstützen und gegebenenfalls durch Sofortmaßnahmen Quetschungen und Wunden behandeln.

Der Verdauungsapparat

Die primäre **Magenerweiterung** entsteht durch eine übermäßige Futteraufnahme, während bei der sekundären Magenerweiterung ein Rückfluss des Darminhaltes in den Magen stattfindet. Die Symptome sind heftige Kolikschmerzen sowie

manchmal Rülpsen, Würgen, oder es werden gar kleine Mengen Flüssigkeit aus den Nüstern erbrochen. Eventuell verharren die Pferde in sitzender Stellung. Die Ursache liegt darin, dass ein Pferd nicht über die Fähigkeit verfügt, zu erbrechen. Geringe Mengen Flüssigkeit können zwar über die Nüstern erbrochen werden, dies reicht für eine Magenentleerung aber nicht aus. Der Tierarzt wird durch das Einführen einer Nasenschlundsonde und durch eine Magenspülung versuchen, die Magenüberladung zu behandeln.

Durchfall wird entweder ausgelöst durch eine Infektion oder durch Ernährungsfehler (plötzliche Umstellung auf Weide, Koppel mit rohfaserarmem Gras, verdorbene Futtermittel). Auch Stresssituationen, Erschöpfungszustände und Erkrankungen können zu Durchfall führen. Wässriger Durchfall ist umgehend vom Tierarzt zu behandeln. Ansonsten muss das Pferd 24 Stunden fasten. Dies bedeutet: kein Wasser und kein Futter. Erst dann wird wieder vorsichtig gefüttert. Dafür geeignet sind Mash und Heu in kleinen Mengen.

Durch zu hastig aufgenommenes Futter, nicht genügend eingespeichelte Pellets oder zu große Futterbrocken kann es zur **Schlundverstopfung** kommen. Auch nicht genügend eingeweichte Zuckerrübenschnitzel sind häufig die Ursache. Die

Ratgeber Gesundheit

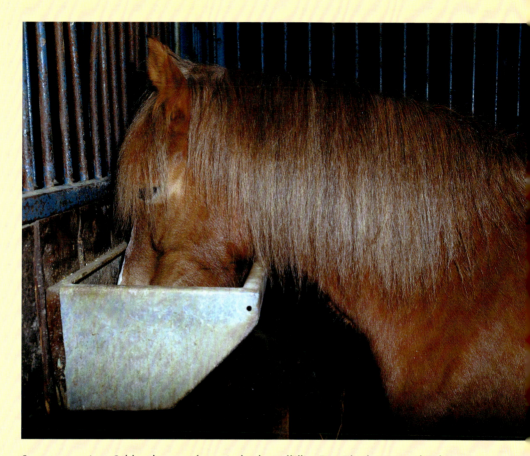

Symptome einer Schlundverstopfung sind sehr auffällig: Das Pferd würgt, erbricht und hustet, hat schleimigen Nasenausfluss, bestehend aus Speichel und Futterbrei. Auch kolikähnliche Symptome wie Scharren, Unruhe und Schweißausbrüche können auftreten. Es muss sofort ein Tierarzt hinzugezogen werden.

Kolik

Schon das Wort Kolik treibt so manchem Pferdebesitzer den Schweiß auf die Stirn – zu Recht. Zwar kann sich eine Kolik innerhalb kürzester Zeit und im wahrsten Sinne des Wortes „in Luft auflösen", aber auch das Gegenteil ist möglich: Sie kann zum Tod des Pferdes führen. Unter Kolik versteht man jede Art von schmerzhaftem Zustand im Bauchraum. Die Ursachen können also sehr unterschiedlich sein. Zu ihnen gehören verdorbenes Futter, Überfütterung, Unterkühlung, Infektionen, Wurmbefall, Verstopfung.

Das Pferd hat einen anatomisch komplizierten Verdauungsapparat, auf den die Ursache einer Kolik oft leichtfertig geschoben wird. Es ist aber so, dass die Gefahr einer Kolik bei artgerechter Haltung (Möglichkeit der freien Bewegung), angepasster Fütterung (je nach Rasse und Anforderung, keine Übermengen) und regelmäßiger Parasitenbekämpfung (Würmer) wesentlich geringer ist. In der freien Wildbahn spielen Koliken bei Pferden überdies kaum eine Rolle.

Bei einer Kolik beginnt das Pferd, unruhig mit den Vorderfüßen zu scharren. Es schlägt mit dem Schweif und legt sich häufig nieder. Bei stärkeren Schmerzen wird der Blick starr, der Puls erhöht sich, das Tier wälzt sich und schwitzt stark. Es wirft sich oft auch unvorhergesehen auf den Boden und verharrt minutenlang in der Rückenlage. Wenn dazu noch die Extremitäten sowie die Ohren kalt werden und Schweiß den gesamten Pferdekörper bedeckt, so besteht Lebensgefahr. Da man anhand der Symptome die Gefährlichkeit einer Kolik nicht erkennen kann, muss auf jeden Fall, auch bei den geringsten Anzeichen, der Tierarzt hinzugezogen werden. Falls dies möglich ist, kann das Pferd bis zum Eintreffen des Tierarztes ruhig geführt werden. Wasser darf dem Tier unter

Ratgeber Gesundheit

Kontrolle angeboten, aber kein Futter mehr von ihm aufgenommen werden. Über das Wälzen gehen die Meinungen allerdings auseinander: Während die einen das Wälzen wegen der Schmerzlinderung befürworten, befürchten andere dadurch eine Darmverlagerung.

Wurmbefall und -kuren

Würmer stellen für Pferde ein immer wiederkehrendes Gesundheitsrisiko dar. Sie können im Larvenstadium über die Blutbahnen durch den ganzen Wirtskörper wandern und dabei freie Körperhöhlen und Organe befallen und schwer schädigen.

Zahlreiche Würmer gelangen als Eier mit dem Kot in das Gras oder die Einstreu. Bei Feuchtigkeit klettern sie als Maden an die Spitzen der Grashalme, werden von den Pferden gefressen und gelangen so in den Verdauungstrakt. Spulwürmer wandern über den Dünndarm in Leber und Lunge, wo sie nicht unbeträchtlichen Schaden verursachen.

Der Palisadenwurm – auch Blutwurm genannt – wandert durch die Darmschleimhaut in die den Darm umgebenden Adern. Er ernährt sich vom Blut und schädigt dabei die Blutgefäße; es kann zu Blutgerinnselbildung und Gefäßverstopfung kommen.

Die Priemschwänze verursachen bei Eiablage einen Juckreiz am After, und das Pferd scheuert sich die Schweifrübe.

Der höchste Wurmbefall kann im Spätsommer nachgewiesen werden. Durch ungeregelte Eiablagezeiten kommt es vor, dass Kotproben keine Wurmeier aufweisen, obwohl das Tier Parasiten hat.

INFO Vorbeugend wirken regelmäßige Wurmkuren. Die Schaffung optimaler Haltungsbedingungen, das heißt größtmögliche Stall- und Weidehygiene, tägliches Ausmisten der Boxen, gut belüftete, trockene Stallungen, regelmäßiges Abäppeln der Weiden sowie häufiger Weidewechsel sind sehr zu empfehlen.

Ratgeber Gesundheit

Empfohlen wird die Verabreichung einer Wurmkur viermal im Jahr (also alle drei Monate). Auch sollte der gesamte Pferdebestand zum gleichen Zeitpunkt entwurmt werden, da es ansonsten sofort zur Neuansteckung kommt.

Kreuzverschlag

Der Kreuzverschlag, auch Verschlag, Kreuzrehe, Schwarze Harnwinde, Feiertagskrankheit oder Tying-up-Syndrom genannt, ist eine schwere und äußerst schmerzhafte Entzündung der Rückenmuskeln.

Früher ging man davon aus, dass diese Erkrankung nur nach Stehtagen bei normaler Fütterung auftritt, da meist Arbeitspferde davon betroffen waren, die am Sonntag ihren Ruhetag hatten. Heute weiß man, dass auch Pferde, die täglich trainiert werden, oder Sportpferde während eines Wettbewerbs davon betroffen sein können.

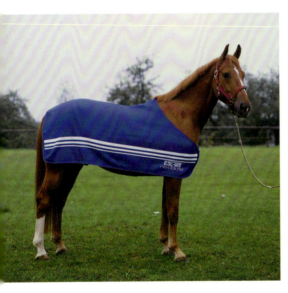

Leider trifft es häufig auch Pferde von Freizeitreitern, die unregelmäßig und eher selten (nur am Wochenende oder zweimal im Monat) bewegt werden.

Kreuzverschlag tritt meist am Beginn von körperlicher Belastung auf. Unbehandelt kann es in der Folge sogar zu Nieren- und Herzschädigungen kommen.

Die Symptome sind plötzlicher, starker Schweißausbruch, steife und manchmal unwillig wirkende Bewegungen. Das Pferd will sich verstärkt hinlegen. Die Muskeln am Rücken sind verkrampft bis „bretthart". Die Hinterhand knickt ein. Stellen Sie sofort die Belastung ein und kehren Sie, notfalls mit dem Hänger, zum Stall zurück. Verständigen Sie umgehend den Tierarzt, halten Sie das Pferd mit Decken warm und erlauben Sie ihm nicht, sich hinzulegen.

Ratgeber Gesundheit

Ausreichend Ruhe (mit leichter Bewegung z. B. Spazierenführen) sowie eine kurzfristige Übergangsdiät und gutes Heu sollten die Symptome schnell abklingen lassen. Nur mit einer angemessenen Futterration und Bewegung ist ein „Rückfall" zu verhindern.

Sollte bereits eine Schädigung der Niere eingetreten sein, muss hierauf mit einer speziellen Futterration und nur noch moderater Bewegung reagiert werden. Für einen Sporteinsatz scheiden nierenkranke Pferde selbstverständlich aus.

Rückenprobleme

Haarlose Stellen, eine gewisse Neigung zu Schwellungen und Enzündungen im Rücken sowie harte Knoten können auf einen **Satteldruck** hinweisen. Ermitteln Sie die Ursache (Sattel, Decke, Insektenstich).

Auf wunde Stellen geben Sie etwas milde Heilsalbe und legen einen leichten, gepolsterten Verband an. Auf Schwellungen sollten Sie einen feuchten Schwamm mit einem elastischen Gurt so fixieren, dass sanfter Dauerdruck entsteht. Geben Sie allen Wunden immer Zeit zum Ausheilen, bevor Sie wieder reiten.

INFO

Sattelzwang lindern

Legen Sie den Sattel etwa eine Viertelstunde vor dem Reiten auf, gurten Sie locker, und lassen Sie das Pferd zehn Minuten stehen. Danach werden die Gurte sehr fest angezogen, und Sie führen das Pferd etwa 5 Minuten ohne Reiter. Bevor Sie dann aufsteigen, lockern Sie den Gurt um ein Loch. In der Regel wird sich das Pferd dann problemlos besteigen und ruhig anreiten lassen. Zeigt es doch noch Nervosität, sollten Sie die ersten hundert Meter im leichten Sitz reiten und dann erst Ihr ganzes Gewicht in den Sattel bringen.

Ratgeber Gesundheit

Schlechtes Stehen beim Aufsteigen des Reiters, lange Aufwärmphasen, Unwilligkeit bei der Arbeit, besonders bei Übungen auf der gebogenen Linie und bei zunehmender Versammlung, Unwilligkeit beim Bergabgehen, häufiges Stolpern, Durchgehen, Kopfschlagen, unklare, wiederkehrende Lahmheiten können auf sogenannten **Sattelzwang** hinweisen. Spätestens wenn mehrere dieser Anzeichen auf Ihr Pferd zutreffen, sollten Sie es auf Rückenprobleme untersuchen lassen. Ihr Tierarzt oder Hufschmied kann einige Tests durchführen, die schon erste Aussagen machen können.

Husten

Meist ist Husten ein Alarmzeichen und sollte nicht auf die leichte Schulter genommen werden. Zwar kann sich ein Pferd mal verschlucken und husten, oftmals hat das Husten aber auch schwer wiegende Hintergründe, die Sie von einem Tierarzt prüfen lassen sollten. Wenn der Husten länger als 14 Tage andauert, muss mit Folgeerscheinungen wie chronischem Husten, Dämpfigkeit oder Kehlkopfpfeifen gerechnet werden.

Vorsichtshalber sollten Sie das Tier, wenn möglich, isolieren, damit es keine anderen Pferde ansteckt. Schonen Sie Ihr Pferd und gönnen Sie ihm viel frische Luft.

Rufen Sie den Tierarzt. Er wird entscheiden, ob und wie viel Antibiotika oder Penicillin Ihr Pferd bekommt, oder/und ob es schleimlösendes Pulver bekommt.

Zusätzlich können Sie versuchen, den Husten mit folgenden Mitteln zu lindern: Hustenkräutermischungen kann man als Zusatzfutter anbieten. Dies kann die Abwehrkräfte stärken. Sprühen Sie die Bereiche der Box, in denen sich der Kopf des Pferdes hauptsächlich aufhält, mit ätherischen

Ratgeber Gesundheit

Ölen ein wie etwa Teebaumöl, Pfefferminzöl oder Bergamotteöl. Dafür können Sie einen ganz normalen Pumpsprayer benutzen, den Sie mit Wasser und einigen Tropfen ätherischem Öl füllen.

Hustentees (aus Anis, Eibisch, Fenchel, Thymian etc.), die über das Futter gegossen werden können, werden gerne genommen. Sie haben außerdem den Vorteil, dass sie den Staub des Futters binden.

Nicht vergessen: Geben Sie etwas Traubenzucker mit in den Tee – dann ist er schmackhafter. Wässern Sie das Heu, und zwar mindestens 30 Minuten. Außerdem sollten staubreduzierende Maßnahmen ergriffen werden.

Es empfiehlt sich, Pferde, die an Atemwegserkrankungen leiden, während der Stallarbeiten ins Freie zu bringen.

Bronchitis

Husten ist die natürliche Abwehrreaktion des Körpers, wenn sich ein Fremdkörper oder eine Entzündung in den oberen Atemwegen (Kehlkopf, Luftröhre, Bronchien) befindet. Beim Pferd sollte Husten immer ernst genommen werden, da er ohne

oder bei zu später tierärztlicher Behandlung leicht zu einer chronischen Bronchitis und schließlich zur Dämpfigkeit führen kann.

Die häufigsten Ursachen für eine Bronchitis sind Virusinfektionen (z.B. Herpes, Influenza), gegen die es Impfungen gibt. Hat die Infektion bereits stattgefunden, ist als Erstes darauf zu achten, dass das Pferd genügend frische Luft erhält (am besten Offenstall), die Einstreu immer sauber und das Heu nicht zu staubig ist (am besten anfeuchten oder einweichen).

Intensive körperliche Betätigungen sollten unbedingt vermieden werden. Bei erhöhter Temperatur ist auf jeden Fall immer sofort der Tierarzt zu holen. Das Pferd erhält schleimlösende Medikamente, die das Abhusten der Krankheitserreger durch die Verflüssigung des Schleimes erleichtern.

Stellt sich keine vollständige Heilung ein, und das Pferd hustet weiter regelmäßig, hauptsächlich beim Fressen und nachts, sind dies erste Anzeichen für eine chronische Bronchitis, oftmals auch als Heu- oder Stauballergie bezeichnet. Spätestens jetzt muss unbedingt ein Tierarzt hinzugezogen werden, da bereits als nächste Stufe die Dämpfigkeit eintreten kann, die dann nur mehr mit medizinischen Maßnahmen gelindert, aber nicht mehr geheilt werden kann!

Ratgeber Gesundheit

Dämpfigkeit

Dämpfigkeit oder auch Lungenemphysem ist eine Atembeschwerde, die durch einen chronischen, unheilbaren Krankheitszustand der Lungen oder des Herzens bewirkt wird.

Diese Art der Erkrankung gehörte früher zu den Gewährsmängeln. Die Dämpfigkeit äußert sich durch schnelles, unregelmäßiges Atmen schon bei kleinen Anstrengungen, das nur langsam wieder abklingt, oft verbunden mit Husten und der sogenannten Dampfrinne. Sie entwickelt sich oft, wenn es nicht gelingt, Bronchialerkrankungen mit Husten innerhalb von wenigen Wochen unter Kontrolle zu bekommen.

Der anfangs oft kräftige, feuchte Husten verwandelt sich in einen tonlosen, trockenen Husten. Die Leistungsfähigkeit der Pferde wird in der ersten Zeit oftmals nicht vermindert. Das geschieht vor allem, weil sie die verminderte Atmungsfähigkeit durch Erhöhung der Atmungsfrequenz und verstärkte Ausatmung mit Hilfe der Bauchmuskulatur ausgleichen. Dadurch entsteht auch die sogenannte Dampfrinne.

Ratgeber Gesundheit

Eine Behandlung der chronischen Dämpfigkeit ist heute oft möglich, und zwar unter Verabreichung von Langzeitpräparaten, durch das Fernhalten von Außenfaktoren, die die Luftwege reizen können, und bei einer Nutzung des Pferdes, die seiner verminderten Leistungsfähigkeit angemessen ist.

Eine vollständige Heilung kann nach heutiger Kenntnis nicht erzielt werden.

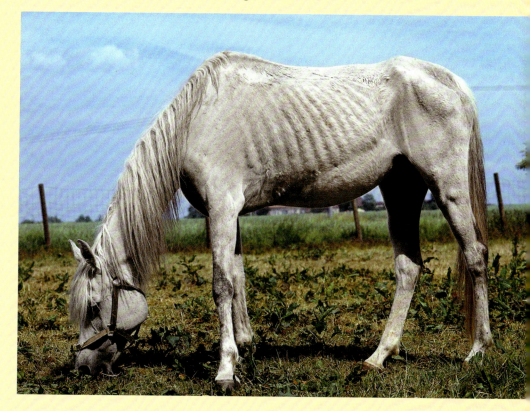

Pferdegrippe (Influenza)

Die Pferdegrippe ist eine hochgradig ansteckende Virusinfektion. Der Virus verbreitet sich über die Luft beim Husten in einem Umkreis von bis zu ca. 40 Metern und kann so einen ganzen Bestand innerhalb von fünf Tagen infizieren.

Die Inkubationszeit beträgt 24 bis 32 Stunden und nach zwei bis fünf Tagen zeigen sich die ersten Symptome. Die Pferde leiden unter Appetitlosigkeit und Apathie. Die Nasenschleimhaut ist gerötet und die Augenbindehäute sind entzündet. Die Pferde haben einen klaren Nasen- und Augenausfluss. Die Kehlgangslymphknoten schwellen etwas an. Typisch für die Influenza ist der starke, trockene, bellende und schmerzhafte Husten, der durch die Entzündung der oberen und unteren Atemwege ausgelöst wird. Außerdem bekommen die Pferde hohes Fieber bis zu 42 Grad. Dieses Fieber kann drei bis fünf Tage andauern. Oft sinkt das Fieber nach ein bis zwei Tagen und steigt danach erneut an.

Treten keine Komplikationen ein, ist die akute Influenza nach ein bis vier Wochen ausgeheilt. Bei einer nicht ausgeheilten akuten Influenza können durch die Folgeinfektionen dagegen schwere Spätschäden entstehen.

INFO

Regelmäßige Impfung beugt der akuten Influenza vor. Dennoch können auch geimpfte Pferde erkranken, wenn sie einer hohen Virusmenge ausgesetzt werden. Aber die Krankheit nimmt dann gewöhnlich einen milderen Verlauf. Da der Virus sich immer wieder verändert, erkennen die Antikörper ihn nach ca. zehn Jahren nicht mehr. Deshalb werden die Impfstoffe immer wieder den auftretenden Virusvarianten angepasst. Man sollte nur gesunde Pferde impfen, denn sonst können Nebenwirkungen wie Husten, leichte Schwellung der Impfstelle, Überempfindlichkeit gegen Staub und Pollen, chronische Kehlkopfentzündung oder ein tödlicher Impfschock auftreten.

Ratgeber Gesundheit

Druse

Druse ist eine hochgradig ansteckende, bakterielle, jedoch selten vorkommende Infektionskrankheit. Betroffen sind die oberen Luftwege und die Lymphknoten im Kehlbereich.

Die Inkubationszeit beträgt etwa zwei bis fünf Tage, in manchen Fällen auch bis zu acht Tagen. Eine normal verlaufende Druse dauert ca. zwei bis drei Wochen, wovon zwei bis drei Tage intensivster Behandlung bedürfen. Am häufigsten tritt diese Krankheit bei Pferden bis zum sechsten Lebensjahr auf. Besonders Fohlen sind für Druse empfänglich. Mangelhafte Haltung und Stresssituationen beeinträchtigen die Widerstandskraft dieser jungen Tiere. Gerade bei jungen Pferden kann die Druse innerhalb von kürzester Zeit voranschreiten. Sobald die Krankheit ausgebrochen ist, tritt hohes Fieber auf (bis 41 Grad). Außerdem sind Mattigkeit und Appetitlosigkeit zu beobachten. Die Lymphknoten im Rachenraum, in der Ohrspeicheldrüse und im Kehlgang schwellen schmerzhaft an, das Tier hat Schluckbeschwerden und

INFO

Die Impfung

Der Impfstoff gegen Druse wird meist nur bei Pferden benutzt, in deren Bestand es einen Drusefall gibt. Zu empfehlen ist deshalb regelmäßig (alle sechs Monate) gegen Influenza zu impfen, da die Druse als Sekundärinfektion betrachtet wird. Das gilt für jedes Pferd, jedoch sollte bei „Risikogruppen" wie Fohlen und Jungpferden besonders stark darauf geachtet werden.

Ratgeber Gesundheit

bekommt Nasenausfluss. Im fortgeschrittenen Stadium schwellen überdies die Lymphdrüsen des Luftsacks an. Der Husten ist trocken und krampfartig. In den geschwollenen Lymphknoten bilden sich eitrige Abszesse, aus denen weißgelber Eiter austritt. Wenn diese Abszesse nicht rechtzeitig entfernt werden, können sie sich fast auf den ganzen Körper ausdehnen. Sobald der Verdacht auf Druse besteht, muss der Tierarzt gerufen werden.

Tollwut

Die Tollwut ist eine Viruserkrankung des zentralen Nervensystems, ausgelöst durch das Rhabdovirus. Die Infektion erfolgt durch virushaltigen Speichel, der bei einem Biss oder einer Hautabschürfung durch die verletzte Haut in den Körper des gebissenen Tieres oder Menschen gelangt. Pferde reagieren auf das Virus nicht so empfindlich wie andere Haustiere und sind deshalb weniger betroffen, dennoch sollten sie regelmäßig geimpft werden, denn ausgerottet ist das Virus noch lange nicht. Zu Beginn der Erkrankung sind die ersten Anzeichen sehr vage, und in der langen Inkubationszeit entwickelt sich entweder die sogenannte rasende Wut, die zerebrale Form, oder die stille Wut, die spinale Form.

Bei der rasenden Wut werden die Tiere aggressiv, tobsüchtig, haben unterschiedliche Anfälle und Speichelfluss. Die stille Wut zeigt sich durch Teilnahmslosigkeit, vermehrtes Pressen und eine Hinterhandlähmung. In beiden Fällen stellt man Speichelfluss aus der Maulhöhle und durch Futter verunreinigte Nüstern fest. Manche Pferde beginnen auch, sich selbst zu verletzen oder an alten Wunden zu lecken.

Die Krankheit ist unerbittlich und nimmt fast immer einen tödlichen Verlauf. Im Endstadium haben die Pferde starke und qualvolle Schmerzen, liegen fest und fallen schließlich in ein Koma. Tollwut ist anzeigepflichtig, und was mit einem tollwutverdächtigen Pferd passiert, liegt im Ermessen des Amtstierarztes, der eine längere Quarantäne oder die sofortige Tötung anordnen kann. Therapieversuche bei Tieren sowie die Schlachtung krankheitsverdächtiger Tiere sind gesetzlich untersagt. Gegen Tollwut sollte ein Pferd ab dem neunten Lebensmonat einmal im Jahr geimpft werden.

Ratgeber Gesundheit

Der Kehlkopf

Entzündliche Veränderungen der Kehlkopfschleimhaut bezeichnet man als **Kehlkopfentzündung.** Diese werden durch virale oder bakterielle (Druse) Infektionen hervorgerufen. Folgende Symptome können auftreten: Bläschen an der Schleimhaut, Atemstörungen, kurzer, meist heftiger Husten, häufig Nasenausfluss, Fieber. Die Diagnose wird vom Tierarzt mittels einer Kehlkopfspiegelung gestellt. Das erkrankte Pferd muss so viel Zeit wie möglich an der frischen Luft zubringen, sollte auf staubarmer Einstreu gehalten werden, und auch beim Futter ist unbedingt auf Staubfreiheit zu achten. Sehr häufig ist die Kehlkopfentzündung mit einer Erkrankung von Luftröhre oder Bronchien verbunden.

Die **Kehlkopflähmung** wurde früher dem Hauptmangel **Kehlkopfpfeifen** zugeordnet. Meist ist die linke Hälfte des Kehlkopfes durch eine Lähmung des Kehlkopfnervs betroffen. Die Ursachen für diese Nervenlähmung können bakterielle Infektionen, auf den Nerv einwirkende Dehnungskräfte oder bestimmte Gifte sein. Bei der Kehlkopflähmung ist beim Einatmen vorwiegend in höherer Gangart ein Atemgeräusch zu hören, das sich wie ein laut gesprochenes „CH" anhört. Die Nervenlähmung ist nicht heilbar. Durch plastische Operationen kann man eine Erweiterung des Kehlkopfeingangs erreichen. Allerdings ist auch nach einer Operation das Geräusch nicht immer verschwunden.

Ratgeber Gesundheit

Die Augen

Fremdkörper, Staub, Insekten, Verletzungen und bakterielle Infektionen können die Ursache einer **Bindehautentzündung** sein. Die Bindehaut ist gerötet und geschwollen. Das Auge wird zugekniffen. Das Pferd sollte in eine abgedunkelte Box gestellt werden. Untersuchen Sie das Auge vorsichtig auf Fremdkörper. Bleibt die Ursache unklar, verständigen Sie den Tierarzt

Ein mehr oder weniger schmerzhaft geschlossenes Auge, Tränenfluss, Lichtempfindlichkeit sowie eine Schwellung des äußeren Auges deuten auf eine **Hornhautverletzung** hin. Bei ausgeprägten Verletzungen ist oft auch schon mit bloßem Auge ein Kratzer oder eine Hornhauttrübung zu erkennen. Hornhautverletzungen sind ein Notfall. Rufen Sie den Tierarzt. Behandelt wird mit Entzündungshemmern und antibiotischen Augensalben. Ist die Hornhaut beispielsweise durch einen Dorn nicht nur verletzt, sondern durchtrennt bzw. durchstoßen, ist der Patient ein Fall für die Klinik. Die Nachbehandlung dauert Wochen.

Die **Periodische Augenentzündung** ist eine Entzündung der Aderhaut. Trübungen des Glaskörpers sowie Verwachsungen zwischen Iris und Linse, später die Zerstörung der Netzhaut und des Sehnervs gehen der Erblindung des Auges voraus. Diese Entzündung ist die gefährlichste aller Augenkrankheiten. Bei fehlender Therapie können auch beide Augen erkranken. Diese Erkrankung des inneren Auges ist auch unter dem Namen „Mondblindheit" bekannt. Sie wird wegen ihrer Tendenz zu monatlichen Rückfällen so genannt. Nach neuesten Erkenntnissen wird die Periodische Augenentzündung als Allergie angesehen, die gegen verschiedenste Stoffe bestehen kann. Erfolge im Kampf gegen die Periodische Augenentzündung werden neuerdings durch eine Operation erreicht.

Ratgeber Gesundheit

Gebissmissbildungen

Mit **Kantengebiss** bezeichnet man die Überdeckung von Ober- und Unterkieferbackenzähnen. Der Oberkiefer ist etwas weiter als der Unterkiefer, bei seitlichen Mahlbewegungen wird so in erster Linie die Innenkante der Oberkieferbackenzähne gefordert. Im Laufe der Zeit ist eine Abschrägung der Kaufläche die Folge. Um Komplikationen zu vermeiden, sollten die Spitzen der Zähne von einem Tierarzt abgeraspelt werden.

Ein **Scherengebiss** ist häufig die Folge des oben beschriebenen Kantengebisses, das nicht behandelt wurde. Die Kauflächen werden so schräg gegeneinander geneigt, dass eine normale Mahlbewegung nicht mehr durchführbar ist. Unter Narkose ist durch Schleifen der Kauflächen eine Besserung möglich.

Treppengebisse entstehen größtenteils im Alter, wenn ein Zahn sein Gegenstück verliert. Der notwendige Abrieb fehlt, und der Zahn schiebt sich vor. Es entsteht eine Stufe, was diesem Gebiss den Namen Treppengebiss eingebracht hat. Zahnkürzungen können die Kaubeschwerden lindern.

Pferde können ebenfalls, genau wie wir Menschen, unter **Zahnsteinerkrankungen** leiden. Die Folge sind Kaustörungen. Eine Behandlung des Zahnsteins erfolgt durch vorsichtiges Abtragen des Belages.

Ratgeber Gesundheit

Die Nase

Nasenausfluss ist oft ein Zeichen für eine Erkrankung, möglicherweise eine Entzündung der Lunge oder der Bronchien. Auch andere Infektionskrankheiten können die Ursache sein, wenn das Tier einen zähen oder gefärbten Nasenausfluss zeigt. Nur der wässrige und farblose Ausfluss ist harmlos und unbedenklich!

Vorsicht aber ist geboten, wenn das Sekret in den Nüstern weiß, gelblich oder grünlich, zäh und brockig ist. Messen Sie Fieber und stellen Sie die Atemfrequenz fest. Als Grundregel gilt: Temperatur über 38 Grad und/oder mehr als 16 Atemzüge pro Minute – Tierarzt rufen!

Nasenbluten kann sich in dünnem Tröpfeln oder einem dünnen Blutfaden aus den Nüstern äußern und hört meist von selbst auf. Es ist ähnlich wie beim Menschen, wenn nur kleine Gefäße in der Nasenschleimhaut gerissen sind. Stellen Sie das Pferd ruhig – die Blutung sollte dann nach kurzer Zeit aufhören! Tritt das Nasenbluten jedoch häufiger auf, sollten Sie eine Untersuchung veranlassen!

Starkes Nasenbluten kann nach einem Sturz auftreten, aber auch durch Pilzbefall oder Entzündungen der Atmungsorgane oder durch einen Tumor. Wenn das Tier stark aus den Nüstern blutet, ist dies ein Notfall! Rufen Sie sofort einen Tierarzt! Beruhigen Sie das Pferd, damit die Blutung nicht durch hohen Blutdruck noch verstärkt wird!

Ratgeber Gesundheit

233

Sommerekzem

Leider ist das Thema Sommerräude für viele Pferdebesitzer gerade im Sommer akut, denn zu der feuchtwarmen Zeit tummeln sich die Sommerräude verursachenden Plagegeister wieder: die Kriebelmücken. Die Ursache wird auf den Stich dieser Mücke zurückgeführt, der bei den gestochenen Pferden eine allergische Reaktion auslöst. Der Schweregrad der durch diese Krankheit hervorgerufenen Hautverletzungen hängt ab von der Zahl der vorhandenen Mücken, die ihre höchste Verbreitung im Juli und August haben. Das Sommerekzem ist eine Hauterkrankung, von der Mähne, Widerrist und Schweifwurzel betroffen sind.

Die Haut wird sehr schnell dick und füllt sich mit Flüssigkeit. Serum sickert aus den Pusteln, die sich auf der Haut bilden. Wegen des starken Juckreizes scheuert sich das Pferd, es verliert die Behaarung an den betroffenen Stellen. Die Haut erscheint runzelig, zerfurcht und schuppig. Die Mähne kann vollständig verloren gehen, und der Schweif besteht nur noch aus ein paar dünnen Haaren.

Die tägliche Pflege eines Pferdes, das unter einem Sommerekzem leidet, ist aufwändig. Die betroffenen Stellen müssen von Schuppen und vor allem von Schmutz befreit werden. Eine Desinfektion ist besonders wichtig, um weitere Entzündungen auszuschließen. Jeden zweiten Tag sollte man die Mähne und den Schweif mit einem antiseptischen Shampoo waschen. Die betroffenen Stellen sollten dick mit Melkfett oder mit ähnlichen Salben eingecremt werden, aber auf jeden Fall ohne Parfüm und sonstige Konservierungsstoffe. Grüner Tee eignet sich hervorragend für

Ratgeber Gesundheit

Waschungen. Offene Stellen können mit Betaisodonna-Salbe behandelt werden. Sie beschleunigt den Heilungsprozess, und die Haut regeneriert sich schneller. Die juckenden Stellen im Langhaar werden mit einem Gemisch aus Lavendelöl und Kamillenöl eingerieben.

Mauke

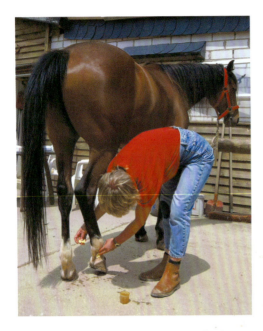

Mauke kann auch gepflegte Pferde treffen. Früher wurde behauptet, dass nur Pferde, die viel im Nassen stehen, an Mauke erkranken. Aber im Herbst und Winter ist der Boden im Gelände nun mal feucht. Da man auf einen Ausritt deswegen nicht verzichten sollte, ist es besonders wichtig, in dieser Zeit die Fesselbeugen gründlich zu kontrollieren. Im langen Winterbehang halten sich jetzt die Feuchtigkeit und der Schmutz ganz besonders gut. Dieser bereitet den idealen Nährboden für Mauke.

Die Symptome sind kleine Pusteln und Schorfbildung, hauptsächlich in der Fesselbeuge. Schnell stellt sich Eiter ein, dem dann die sogenannte trockene Phase folgt. Die sich bildenden Krusten sind jedoch keine üblichen Wundverschlüsse im Sinne der Heilung, sondern üble Borken, unter deren Schutz sich die Krankheit heimtückisch weiterentwickelt.

Sollte das Pferd bereits eine Pustel- oder Schorfbildung zeigen, empfiehlt sich die Einreibung mit einer Heilsalbe und darüber hinaus die tägliche Reinigung und Trocknung der Fesselbeugen. Sollte diese Maßnahme nicht innerhalb kurzer Zeit zum Erfolg führen, ist ein Tierarzt zu rufen. Wenn die Mauke nicht behandelt wird, entstehen Wucherungen, Verwarzungen oder Schwielen, die die Bewegungsfähigkeit des Pferdes lebenslang beeinträchtigen.

Ratgeber Gesundheit

Die Hufe

Erkrankungen des Pferdehufs sind immer sehr ernst zu nehmen, da das Pferd schnell unreitbar und die Erkrankung unheilbar werden kann. Infolge der dauerhaften Belastung der Hufe entwickeln sich nahezu alle Erkrankungen des Pferdehufes schnell und für den Besitzer überraschend. Auf den folgenden Seiten sind die häufigsten Huferkrankungen aufgeführt.

Wichtig ist natürlich auch ein sachgemäßer Beschlag durch den Schmied. Heute gibt es nicht nur „normale" Eisen zum Schutz des Pferdehufes, sondern auch zahlreiche Spezialeisen gegen Fesseltritt und für strahlbeinlahme Pferde, Winterbeschlag mit Stollen, Renneisen aus Leichtmetall und, und, und ...

Das Beschlagen der Pferdehufe mit Eisen soll die übermäßige Abnutzung auf hartem Boden verhüten, fehlerhafte Hufstellungen ausgleichen und kranke Hufe heilen. Vielleicht entstand aus dieser heilsamen Wirkung der in aller Welt verbreitete Glaube an die Glück bringende Kraft des Hufeisens.

Ratgeber Gesundheit

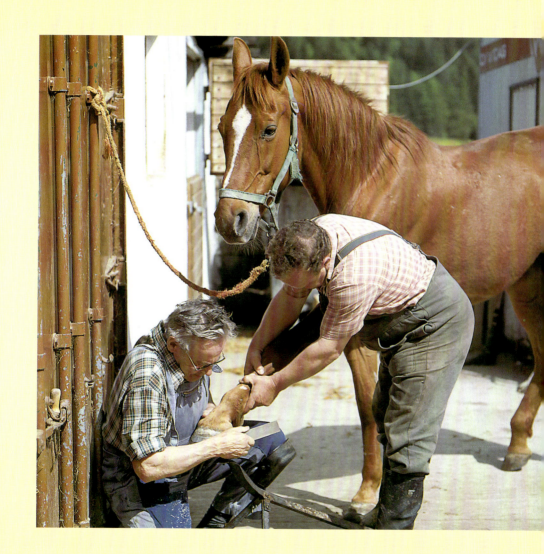

239

Hufgeschwür

Das Hufgeschwür oder genauer der Hufabszess ist eine eitrige Entzündung der Huflederhaut. Er wird meist durch das Eindringen von Fremdkörpern oder auch durch hartes Anschlagen der Hufwand hervorgerufen. Anzeichen für einen Hufabszess sind meistens eine deutliche Lahmheit, ein starker Hufpuls unterhalb des Fesselgelenkes und eine erhöhte Huftemperatur (im Vergleich zu den übrigen Hufen). Die Symptome können jedoch auch einzeln auftreten.

Bei Verdacht auf einen Hufabszess wird der Huf mit einer Hufuntersuchungszange vorsichtig abgedrückt, um die Entzündung und den Eiterherd zu lokalisieren. Meistens sitzen die Eiterherde im Eckstrebenbereich oder an der Strahlspitze. Mit dem Hufmesser oder einer akkubetriebenen Fräse wird dann die Sohle im lokalisierten Bereich aufgeschnitten, um dem Eiter einen Abfluss zu geben. Je genauer die Lokalisation des Eiterherdes ist, desto kleiner ist die resultierende Sohlenöffnung. Mit Entweichen des Drucks geht das Pferd meist wieder klar. Die entstandene Öffnung/Wunde wird nun mit einem Desinfektionsmittel gespült.

Mit einen festen Hufverband wird anschließend die Wunde zusammen mit dem ganzen Huf abgedeckt. Besser als der Hufverband sind jedoch Krankenschuhe, die relativ günstig beim Pferdesportausrüster erworben werden können. Der Schuh kann immer wieder verwendet werden und ermöglicht sogar den Koppelgang. Nach ca. einer Woche sollte sich die Öffnung mit einer Hautschicht verschlossen haben. Diese Haut ist aber noch sehr empfindlich, und bei Verletzungen kann es zu weiteren Entzündungen im Huf kommen. Bei nicht zu steinigem Boden (Weide, weicher Platz) kann das Pferd ohne den Krankenschuh mäßig belastet werden.

Ratgeber Gesundheit

Strahlfäule

Ungenügende Stallhygiene führt zu einem feuchtwarmen Klima und schafft einen idealen Nährboden für Keime. Diese nisten sich in den Hufen mit schon leicht schadhaftem Horn ein. Durch Schmutz oder auch Hufeinlagen können die Keimherde luftdicht verschlossen werden. Somit entstehen anaerobe Lebensbedingungen, die optimal für das Wachstum der Fäulniskeime sind.

Anfangs ist meist nur die mittlere Strahlenfurche betroffen. Dort bilden sich Fäulnisspalten und -taschen mit einer schmierigen, grauen bis schwarzen Masse, die einen penetrant fauligen Geruch verbreitet. Die dort eingenisteten Keime zerstören mehr Hornsubstanz, als nachgebildet wird, und die mittlere Strahlenfurche kann sich dadurch bis zum Ballen vertiefen. Durch die Zerstörung des Strahls kann sich ein Trachtenzwanghuf ausbilden.

Breitet sich die Krankheit weiter aus, können auch die seitlichen Strahlenfurchen, die Strahlschenkel oder der Hornballen befallen werden. In schwerwiegenden Fällen kann die Fäulnis das Horn bis zur Lederhaut zersetzen.

Die Pferde reagieren empfindlich beim Säubern der mittleren Strahlenfurche, oder wenn Druck auf den Strahl ausgeübt wird. Deshalb zeigt sich bei Pferden im fortgeschrittenen Stadium der Strahlfäule oft eine Lahmheit.

Ratgeber Gesundheit

Zur Behandlung werden die verfaulten Hornteile entfernt und Fäulnistaschen aufgeschnitten. Danach sollten der Strahl und die Strahlenfurchen täglich gereinigt und desinfiziert werden. In schweren Fällen werden die tiefen Spalten tamponiert. Die mit Desinfektionsmitteln getränkte Tamponade sollte alle ein bis zwei Tage gewechselt werden.

Hufverletzungen

Unter **Nageltritt** versteht man das Eindringen eines Fremdkörpers von unten in den Huf. Dabei gelangen Keime in das Hufinnere und lösen Abszesse (Hufgeschwüre) aus. Bei tiefen Verletzungen kann auch das Hufbein oder der Hufrollenschleimbeutel betroffen sein. Bei geringgradigen Verletzungen ist das Pferd oft erst einmal beschwerdefrei. Wenn sich einige Tage später der Abszess gebildet hat, beginnt das Pferd zu lahmen. Wenn der Fremdkörper tiefer eindringt und die Huflederhaut dabei verletzt wird, ist das Pferd sofort lahm. Die Schmerzen kommen für gewöhnlich nicht allmählich, sondern plötzlich. Es kann sein, dass das Pferd mit dem betroffenen Huf überhaupt nicht mehr auftreten kann. Wurde das Hufbein oder die Hufrolle verletzt, kann die Funktion des ganzen Hufes gestört werden, und bleibende Schäden werden verursacht. Es ist sofort ein Tierarzt zu rufen. Der eingedrungene Fremdkörper sollte schon entfernt werden, falls dies möglich ist, um weiteren Verletzungen vorzubeugen. Dazu muss die Sohle vorher mir Wasser und Desinfektionsmittel gereinigt werden. Eintrittstiefe und -winkel des Fremdkörpers sollte man dem Tierarzt mitteilen. Bis zum Eintreffen des Tierarztes wird die Eintrittsstelle durch Anlegen eines provisorischen Hufverbandes vor Verschmutzung geschützt.

Risse und Spalten in der Hufwand, sogenannte **Hornspalten**, können an unterschiedlichen Stellen auftreten. Sie reichen vom Kronrand nach unten, oder sie beginnen am Tragrand und ziehen nach. Spalten können bis auf die empfindliche Lederhaut reichen. Dabei führt das Eindringen von Bakterien zu schweren Entzündungen und Infektionen. Gelegentlich tritt nach der Bewegung auch Blut aus der Spalte aus. Für die Behandlung von Hornspalten gibt es kein Patentrezept. Sie hängt ab von der Stelle, an der die Spalte aufgetreten ist, von der Tiefe der Verletzung und davon, ob bereits eine Infektion vorliegt. Daher müssen Spalten individuell behandelt werden und gehören in die Hand des Hufschmieds und gegebenenfalls des Tierarztes!

Ratgeber Gesundheit

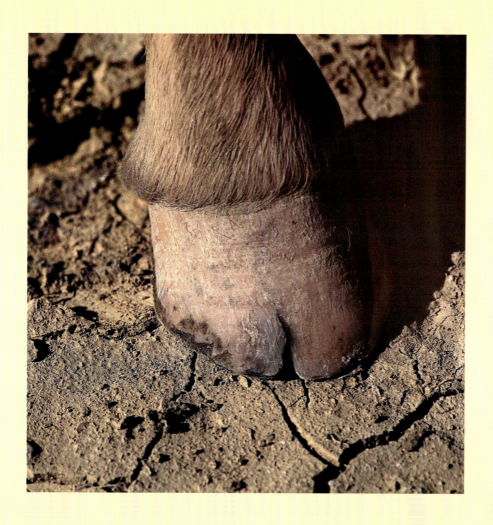

245

Hufrollenentzündung

Diese allgemein als „Hufrolle" bekannte Krankheit ist eine schlecht zu diagnostizierende, schleichend fortschreitende Entzündung des Hufrollenschleimbeutels und der damit einhergehenden Schädigung von Strahlbein und tiefer Beugesehne. Die Krankheit tritt fast ausschließlich an den Vorderbeinen des Pferdes auf. Die ursprüngliche Schleimbeutelentzündung greift nach und nach auch die glatte Knorpelschicht des Strahlbeins (ein kleiner rollenförmiger Knochen zwischen Kron- und Hufbein) an. Diese Knorpelschicht ist die „Gleitbahn" für die Hufbeinbeugesehne. Ist die Knorpelschicht durch immer wiederkehrende Entzündungen im Bewegungsapparat und den damit einhergehenden Knochenauftreibungen zerstört, wird die tiefe Beugesehne schnell angegriffen.

Sind nach eingehenden Untersuchungen durch den Tierarzt alle anderen Erkrankungen auszuschließen (Sehnen, Gelenke), kann man die sogenannte Keilprobe machen, um einen Verdacht auf Hufrollenentzündung zu erhärten. Hierzu wird der betroffene Huf auf einen Holzkeil gestellt, das dickere Ende des Keils zur Zehe, und der andere Huf aufgehoben.

Die Überstreckung der Beugesehne verstärkt eine eventuell vorhandene Reizung im Bewegungsapparat und sollte dem Pferd so unangenehm sein, dass es sich diese Prozedur nur sehr ungern gefallen lässt. Ein gesundes Pferd wird die Keilprobe durchaus aushalten.

Die Krankheit ist nur in ihren Anfängen heilbar. Die einzige Möglichkeit, dem Pferd im fortgeschrittenem Stadium Linderung zu verschaffen, ist, die Trachten dauerhaft hochzustellen, um die Beugesehne und das Strahlbein zu entlasten. Dies erfolgt meist mittels Kunststoffunterlagen mit keilförmigen Trachten.

Ratgeber Gesundheit

Hufrehe

Hufrehe ist eine nicht leicht zu behebende Lahmheitsursache der Vorderhufe. Sie tritt meist bei Ponys auf, die überfüttert wurden. Die Hufrehe ist sehr schmerzhaft, da die entzündete Huflederhaut in der festen Hornkapsel keine Ausdehnungsmöglichkeit hat. Die Hufrehe kann sich so verschlimmern, dass das betroffene Pferd nur noch eingeschläfert werden kann.

Man unterscheidet zwischen Belastungsrehe, die durch lange Transporte oder übermäßiges Reiten auf hartem Boden entstehen kann, und Futterrehe, die durch plötzliche Futterumstellung, Überfütterung, verdorbenes Futter oder giftige Pflanzen hervorgerufen wird. Bei der Geburtsrehe oder der Rehe aufgrund von schweren inneren Krankheiten werden die Durchblutungsstörungen von Giftstoffen ausgelöst, die durch Bakterien freigesetzt werden.

Das an Hufrehe der Vorderhufe erkrankte Pferd verlagert das Körpergewicht auf die Hinterhand, die erkrankten Hufe werden zuerst mit den Trachten aufgesetzt. In schwereren Fällen kann sich das Pferd kaum mehr bewegen. Bei der chronischen Hufrehe sind die Symptome weniger ausgeprägt, das Pferd fällt lediglich durch einen klammen Gang auf, besonders auf hartem Boden.

Bei Verdacht auf Hufrehe muss sofort ein Tierarzt gerufen werden, denn nur eine sofortige medikamentöse Behandlung kann die Lageveränderung des Hufbeines

Ratgeber Gesundheit

verhindern. Mit weicher Einstreu und kühlenden Wasserbädern kann man die Tierarztbehandlung unterstützen. Sind die Schmerzen nicht mehr so akut, kann man die Durchblutung durch schonendes Führen des Pferdes auf weichem Boden fördern. Ein orthopädischer Beschlag mit Steg und unterlegter Ledersohle ist bei chronischer Hufrehe erforderlich.

Lahmheiten

Lahmheit bei Pferden ist ein sehr verbreitetes Leiden. Der harmloseste Grund dafür kann ein kleiner Stein, aber auch eine ernsthafte Erkrankung sein.

Muskeln: Eine eventuelle Gefährdung der verschiedenen Muskelgruppen kann durch Fütterungs- und Haltungsfehler, durch Verletzungen oder auch durch Infektionen herbeigeführt werden. Man unterscheidet zwischen Zerrungen, Quetschungen und Rissen.

Sehnen: Im Bereich der Sehnen kann es durch Verletzungen oder Überlastungen zu Schäden kommen. Der Überlastung kann der Reiter entgegenwirken: Das Pferd kann auf nahezu jedem Boden laufen, wobei der Grundsatz gilt, dass fester Boden besser ist als weicher. Auf jeden Fall ist es wichtig, dass der Boden eben ist.

Knochen: Knochenbrüchen geht fast immer ein traumatisches Ereignis, also ein Unfall, voraus. Die meisten Knochenbrüche ereignen sich an den Vordergliedmaßen. Eine besondere Rolle kommt bei den Knochenbrüchen den Griffelbeinen zu. Bei diesen Knochen handelt es sich um die Überbleibsel des Zeige- und Ringfingers. Das Vorgehen ist immer gleich: den Tierarzt informieren und, sofern sich das Pferd noch bewegen kann, es zur weiteren Untersuchung in die Box stellen. Sicher ist es so, dass heute viele Brüche, die früher noch unausweichlich den Tod des Pferdes zur Folge hatten, therapiert werden können.

Ratgeber Gesundheit

Gelenke: Knochen sind miteinander verbunden durch Gelenke, die je nach Funktion vollkommen unterschiedlich gebaut sind. Auch sie führen, wenn sie in irgendeiner Weise geschädigt sind, zu einer Lahmheit durch Arthrose (Verschleiß), Entzündung, abgelöste Knochenteilchen im Gelenk oder Knochenwucherungen. Es können diverse entzündungshemmende Medikamente entweder oral verabreicht, intravenös oder direkt in das betroffene Gelenk gespritzt werden.

Spat

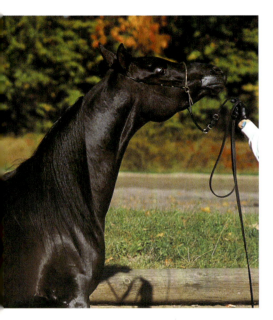

Spat ist eine Arthrose an den hinteren Gliedmaßen. Es bilden sich Knochenaufreibungen, die den Bewegungsablauf nachhaltig stören. Die Knochenveränderungen bilden sich vornehmlich im Sprunggelenk und begrenzen die Bewegung des Hufes hauptsächlich durch starke Schmerzen, selten mechanisch. Der Krankheitsverlauf kann bis zur Versteifung des Gelenks führen!

Das Pferd ist meist morgens deutlich lahm und fußt nur mit der Zehe auf. Im Laufe des Tages oder während der Bewegung geht das Pferd weniger lahm. Hervorgerufen wird die Arthrose auch durch zu frühe und zu große Belastung (Sport- und Zugpferde) des Sprunggelenks.

TIPP

Die Spatprobe
Bei der Spatprobe wird der Hinterfuß unter den Bauch des Pferdes gehoben und bei angewinkelter Zehe ca. eine Minute in dieser Stellung gehalten. Nach dem Absetzen des Hufes lässt man das Pferd auf hartem Boden antraben. Zeigt das Pferd jetzt eine deutliche Lahmheit auf dem zuvor angehobenen Bein, ist eine Gelenkarthrose wahrscheinlich. Jetzt sollte diese Diagnose mittels einer Röntgenaufnahme überprüft werden. Die Spatprobe kann bei empfindlichen Pferden auch positiv ausfallen, obwohl das Gelenk gesund ist! Eine Kontrolle durch den Tierarzt ist immer zu empfehlen.

Ratgeber Gesundheit

Bei Spatpferden kann man mit orthopädischen Beschlägen die Schmerzen lindern. Durch Keileinlagen auf den Schenkeln des Hufeisens wird der Huf so weit angewinkelt, bis das Pferd wieder vollflächig auftritt. Auch eine deutliche Zehenrichtung erleichtert dem Pferd das Abrollen auf der Zehe.

Diese Maßnahme lindert die Symptome und ermöglicht dem Pferd eine angenehmere Zeit, eine Heilung ist damit jedoch nicht zu erreichen. Im frühen Stadium ist viel lastfreie Bewegung (Koppelgang, leichte Arbeit an der Hand) hilfreich und kann die Beweglichkeit des betroffenen Gelenks steigern. Auch Mittel aus der Naturheilkunde können in leichteren Stadien von Nutzen sein.

Register

Abzeichen 18
Achal-Tekkiner 50, 125, 135
Aegidienberger 52
Altér Real 53, 132
American Saddlebred 28, 54, 138, 149, 176
American Standardbred 56, 90, 96, 138, 146
Andalusier 57, 65, 73, 78, 130, 139, 142, 144, 150
Anglo-Araber 59, 82
Apfelschimmel 14
Appaloosa 58, 60, 148, 155
Arbeitspferd 20, 44
Ardenner 62, 69, 190
Assateague Pony 63
Augen 6, 22, 228

Ballenfleck 19
Bammelohren 23
Bärentatzigkeit 25
Bayerisches Warmblut 64
Belastungsrehe 248
Belgisches Kaltblut 68
Berber 65, 70, 73, 139, 150
Bindehautentzündung 228
Birkaugen 22
Blesse 18
Blutungen 200
Bosniake 66
Boulonnais 69, 152

Brabanter 68
Braune 13,14
Bronchitis 216

Camarguepferd 48, 70
Canter 28
Cheval de Selle Français 73
Cleveland Bay 74, 121, 144
Clydesdale 75, 144
Connemara 76, 82, 120
Criollo 48, 78

Dales Pony 79
Dämpfigkeit 214, 216, 218
Dartmoor Pony 80
Deutsche Reiterliche Vereinigung 32
Deutsches Reitpony 82, 154
Dressursattel 34
Druse 222
Dülmener 84
Durchfall 204

Einschuss 201
Einsiedler 86
Englisches Vollblut 47, 64, 65, 73, 74, 76, 87, 96, 102, 104, 140, 148, 160, 165, 179, 187, 190
Europäischer Standard Traber 90

Exmoor Pony 91
Exterieurmängel 24

Falabella 48, 92
Falbe 12, 14
Fell Pony 93
Festliegen 202
Finnpferd 94
Fjordpferd 95
Foxtrott 28, 137
Französischer Traber 96
Frederiksborger 98
Freiberger 99
Friese 100, 178
Fuchs 12, 14
Furioso Northstar 102
Futterrehe 248

Galopp 27
Gangarten 26
Gelderländer 104
Geruchssinn 6
Glanzrappe 15
Groninger 105

Hackamore 36
Hackney 86, 104, 106
Haflinger 48, 108, 164
Hannoveraner 47, 64, 102, 110, 113, 126, 135, 145, 165, 190
Hechtkopf 21
Hessisches Warmblut 113
Highland Pony 114

Register

Hufgeschwür 240
Holsteiner 102, 104, 113, 116, 144, 178
Hornhautverletzung 228
Hornspalten 244
Hufabszess 240
Hufe 238 ff.
Hufrehe 248
Hufrollenentzündung 246
Hufverletzungen 244
Husten 214
Huzule 118

Impfung 196, 222, 224
Influenza 220
Irish Draught 120
Irish Hunter 121
Isabelle 13, 14
Isländer 52, 122

Jütländer 124

Kaltblüter 42, 48
Kandare 36
Kantengebiss 230
Karabagh 125
Kehlkopfentzündung 226
Kehlkopflähmung 226
Kehlkopfpfeifen 214, 226
Keilkopf 21
Keilprobe 246
Kladruber 126, 144
Kleinpferde 48
Knabstrupper 127

Kohlrappe 15
Kolik 198, 206
Konik 128, 174, 178
Kopf 20
Körpersprache 10
Kreuzverschlag 210
Kronenfleck 19
Krötenmaul 19
Kuhhessigkeit 25

Lahmheit 198, 250
Lewitzer 154
Lipizzaner 73, 126, 130, 166
Lusitano 132

Magenerweiterung 204
Mangalarga Marchador 134
Mangalarga Paulista 134
Marcha 134
Mauke 236
Mecklenburger 135
Mérens Pony 136
Missouri Foxtrotting Horse 28, 137
Morgan 138, 148
Mustang 48, 139
Mustervertrag 32

Nageltritt 244
Nasenausfluss 232
Nasenbluten 232
New Forest Pony 82, 140

Nonius 142
Norfolk Trotter 73, 96, 106
Noriker 144, 164
Notfallversorgung 198

Offenstall 40
Ohren 7, 108
Ohrenspiel 22
Oldenburger 64, 126, 145, 178, 190, 193
Operlippe 19
Orlow-Traber 90, 96, 146
Österreichischer Foxtrotter 137

Paint Horse 148, 154
Palomino 149
Paso Fino 48
Paso Peruano 52, 150
Pass 28, 122
Percheron 69, 152
Periodische Augenentzündung 228
Pferdegrippe 220
Pferderassen 42 ff.
Pinto 58, 154
Pony of the America 155
Pottok 156
Przewalskipferd 157, 172, 174

Quarter Horse 21, 58, 148, 154, 160

255

Register

Rack 28
Ramskopf 20
Rappe 12, 15
Rheinisch-deutsches Kaltblut 162
Robusthaltung 40
Running Walk 28

Sattel 34
Satteldruck 212
Sattelgurt 34
Sattelunterlage 34
Sattelzwang 213
Schaugänge 28
Schecke 16
Scherengebiss 230
Schimmel 14, 16
Schlundverstopfung 204
Schnippe 19
Schritt 26
Schürfwunden 200
Schwanenhals 24
Schwarzwälder Fuchs 164
Schwedisches Warmblut 165
Schweinskopf 21
Shagya-Araber 166
Shetland Pony 80, 156, 168

Shire Horse 170
Sobrandando 151
Socke 19
Sommerekzem 234
Sommerrappe 15
Sorraia Pony 172
Sozialverhalten 8
Spat 252
Sportpferd 20, 46
Springpferde 47
Springsattel 34
Strahlfäule 242
Süddeutsches Kaltblut 144
Suffolk Punch 173

Tarpan 118, 128, 172, 174
Tennessee Walking Horse 28, 138, 176
Tollwut 224
Tölt 26, 28, 122, 134, 137, 151
Trachtenzwanghuf 242
Trakehner 47, 64, 104, 135, 165, 178, 193, 194
Trense 36
Treppengebiss 230

Unterlippe 19
Unterstand 40

Verletzungen 200
Vielseitigkeitssattel 34
Vollblut-Araber 21, 65, 76, 82, 140, 154, 156, 179, 182, 193, 194
Vollblüter 42

Warmblüter 42
Wassertrense 36
Welsh Cob 189
Welsh Mountain Pony 186
Welsh Pony 82, 156, 187, 233
Welsh Pony im Cob-Typ 188
Westfale 113, 190
Winterrappe 15
Wunden 200
Wurmbefall 208
Wurmkuren 196, 208
Württemberger 192

Yorkshire Coach Horse 74

Zahnsteinerkrankungen 230
Zaumzeug 36
Züchter 32
Zweibrücker 194